「学びの場」を変えたいすべての人へ

インタラクティブ・ティーチング

実践編 3

学びを促す評価
──ルーブリックの作法と事例──

［編著］
栗田 佳代子 東京大学教授
中村 長史 東京大学特任講師
［協力］
日本教育研究イノベーションセンター

河合出版

はじめに

本書を手にとっていただきありがとうございます。

「いかに教えたか」から「いかに学んだか」へ。現在、教育は大きな転換期にあります。そして、学びの環境をより良いものにするための書籍や動画、研修など様々な知識獲得の機会もかなり充実してきました。

そのなかで、東京大学 大学総合教育研究センターと一般財団法人日本教育研究イノベーションセンターは、「インタラクティブ・ティーチング」という教え方を学ぶためのオンライン講座を、2014年から2016年にかけて日本語MOOCプラットフォームであるgaccoにおいて開講しました。この講座は、東京大学で実施されている大学院生および教職員を対象とした「東京大学フューチャーファカルティプログラム（東大FFP）[1]」の蓄積をもとに構成されており、学生が主体的に学ぶための教育のあり方について、特に「ともに学ぶ」ことに重点をおいたものです。ともすれば、一方向になりがちなオンライン講座ではありますが、学習者も一緒に考え、身につけていく活動を多くとりいれた実践的な内容にしました。8週間というオンライン講座としては長期にわたる講座であったにも関わらず、大学関係者だけでなく初等中等教育関係者や民間企業の方々にも広く受け入れられ、4期のべ約24,000名の方々に受講いただくことができました。

このオンライン講座の閉講後もオンライン講座の動画は、東大FDのウェブサイト[2]や科学技術振興機構（JST）の運営するJREC-In Portal[3]において公開され、また、その内容は『インタラクティブ・ティーチング』として河合出版より書籍化されています。この書籍は日本大学教育学会より2018年度のJACUEセレクションに選定される栄誉も受けることができました。

しかし、教育の転換期における貢献としては十分ではないと考えた私たちは、インタラクティブ・ティーチングの動画を予習教材として活用した「インタラクティブ・ティーチング」アカデミー（以下、アカデミー）というブレンド型の体系的研修を開発し、2018年より提供してきました。

今や、教育に関する知識は、冒頭のとおり書籍や動画など多様な手段によって容易に手に入れることができます。しかし、その「抽象的な」知識を、「じぶんごと」にし、実際に活用していくことは容易ではありません。例えば、レポートなどの評価に用いられるルーブリックを例にとると、ルーブリックに関する知識は簡単に手に入りますし、作成プロセスも非常にシンプルなもので、比較的容易にその概念や構造、使い方などは理解できるでしょう。しかし、概念などを理解する段階と、それを実際に自分の授業において作成し、活用する段階との間には大きなギャップがあることもまた事実なのです。つまり「知っているけど使えない」ということが生じるのです。このギャップをうめようとしたのが「インタラクティブ・ティーチング」アカデミーです。

しかしながら、アカデミーは研修ですので参加しなければその体験はできません。アカデミーに参加できなかった方々にも、この「学んだことをじぶんごとにする」ということの重要性をご理解

1　参考ウェブサイト：https://utokyofd.com/ffp/about/
2　参考ウェブサイト：https://utokyofd.com/
3　参考ウェブサイト：https://jrecin.jst.go.jp/seek/SeekTop

いただき、また、「じぶんごとにする」ための手立てを届けたい ― その思いを形にしたのが、本書が含まれる3冊の書籍です。これらの書籍に通底するのは、「理論・概念」と「実際」の架橋を目指すという点です。

　本書は、レポートやプレゼンテーションなどに適した評価手法であるルーブリックを扱います。ルーブリックとはどういったものなのか、また、どのように作成し、活用すれば良いのかについてとりあげ、多様な実例を紹介します。本書を読むことでルーブリックについて「知っている」だけでなく、実際に「使える」ようになっていただきたいと考えています。

　本書が想定する読者は、基本的にはオンライン講座と同様に大学や短大、高専などの高等教育機関の教員やこうしたアカデミック・ポストを目指す大学院生ですが、教育方法は学校種や教える内容に限らず普遍的なところも多いことから、小中学校や高等学校など初等中等教育の先生方にも役立つ内容であると考えています。

　なお、本書が含まれる3冊の書籍は、アカデミーにおける主要なトピックであった「クラスデザイン」「コースデザイン」「ルーブリック」を扱っており、本書はその第3巻となります。「クラスデザイン」および「コースデザイン」とともに、これらの書籍に込めた私達の思いが伝わり、「学んだことをじぶんごとにしたい」方々のお役に立つと幸いです。

2024年2月

栗田佳代子・中村長史

本書の構成と使い方

　本書は5章で構成されています。第1章から順番に読み進んでいただくことを想定していますが、関心のあるところから読むことも可能です。以下に、各章の概略を説明しますので、まず開きたいページを見つける参考としてください。

　第1章は、ルーブリックに関する基礎知識や特徴についてとりあげます。また、ルーブリックを含む「評価」そのものについても概要を学びます。

　第2章は、ルーブリックの作成についてとりあげます。実際に手順を追ってルーブリックの作成方法について学んでいきます。

　第3章は、ルーブリックの活用方法についてとりあげます。ルーブリックは作成だけでなく、多様な活用方法を知ることで学生の学びをより効果的に促すことができます。

　第4章は、「インタラクティブ・ティーチング」アカデミー（以下、アカデミー）のルーブリックの研修内容について詳細に解説しています。この研修がどのように行われ、どのように参加者が「じぶんごとに」していったのか、を詳細に説明しています。第5章に紹介されている事例の多くは、このアカデミーで作成されたルーブリックです。

　第5章は、ルーブリックの事例集です。現在、大学や高校で教鞭をとっている先生方の様々な学問領域および課題で用いられたルーブリックが紹介されています。各事例を直接参考にすることもできますし、数々の工夫を学ぶことができます。

　末尾には、本書における参考文献を所収しています。

目次

第1章 ルーブリックについて知る

　本章では、まず、1.1. 節でルーブリックの定義と意義についてとりあげ、その構成要素について具体例を挙げながら説明をしていきます。また、実際に一般的な使い方も示します。1.2. 節では、評価方法としてのルーブリックがどのような性質をもつものかについて整理をします。そして、1.3. 節でルーブリック適用におけるメリットと留意点についてまとめます。留意点は、ルーブリックに対するデメリットと称される部分を挙げて、それについての対応方法という形でとりあげていきます。

1.1.　ルーブリックの基礎

1.1.1.　ルーブリックの定義

　ルーブリック（rubric）とは、もとはラテン語の rubrica を語源とし、絵具や顔料に使われる赤土そのものおよび、更には赤い文字として書かれた法律の名称や、本の文章の始まりにおかれる文字やカレンダーに記す特別な見出しやコメント、指示など（これらも赤字で書かれた）を指します。

　「赤字で書かれた指示」から発展して、採点道具としてこのルーブリックという言葉が使われるようになったのでしょうか。詳細な経緯は不明ですが、現在は教育分野においてルーブリックといえば、評価方法の一つとして認知をされています。

表1　レポート課題「擬似相関をみつけよう」のためのルーブリック

課題：返却されたレポート課題について，下記のルーブリックを参考にしながら改訂し，再提出してください．レポートの内容としては，⑴擬似相関の図示，⑵変数の定義，⑶データのサンプル（仮想でよいが表形式で），⑷擬似相関についての説明，⑸今回取り上げた擬似相関の解説，⑹参考文献，出典等の6点を必ず含むこと．その際，ルーブリックをレポート課題表に添付し，自己採点（自分で相当する部分を○をする）すること．
分量：A4 1枚程度
締切：次回の授業

	素晴らしい (2)	満たしている (1)	不十分 (0)
3つの変数の性質	全てが量的変数を想定しており，明確に測定可能な定義がなされている	全てが量的変数を想定しているが，測定可能性については漠然としている	一つでも量的変数を想定していない変数が用いられている
データ例	データ例が分かりやすく示されている	データ例が示されている	データ例が示されていない
疑似相関についての説明	初学者が理解できるよう明確な説明がある	説明がされている	明確な説明がされていない/説明がない
例示した疑似相関の解説	疑似相関として取り上げた事例の背景，三変数間の関係の解説がわかりやすく説明されている	事例の疑似相関としての説明がなされている	事例の疑似相関としての説明が不十分あるいは不明瞭である
問題設定	疑似相関の事例がありきたりではなく，現実の問題の解釈に深い示唆を与える	疑似相関の事例は容易に想起される事例ではあるがわかりやすい	疑似相関の事例になっていない
参考文献		疑似相関を論じるにあたり，一つ以上の参考文献にあたっている	参考文献が一つも参照されていない
意外性	疑似相関の例として意外性が高い	疑似相関の例としてよくとりあげられる	
レポートの要素		レポート課題としての要素が全てそろっている	レポート課題としての要素が一つでも欠けている

（表中注記：評価尺度／評価観点／評価基準）

評価方法としてのルーブリックとは、授業などで出される課題をいくつかの構成要素に分け、その要素ごとに評価基準を満たすレベルについて詳細に説明したものです。（スティーブンス・レビ, 2013）。ルーブリックは典型的には、表形式をとります。表1はルーブリックの一例です。

1.1.2. ルーブリックの構成要素

ルーブリックは、課題、評価観点、評価尺度、評価基準の4つの要素によって構成されています。ここではそれぞれについてとりあげます。より具体的には1.2.節のルーブリックの特徴において解説します。

表1を例としてルーブリックの構成要素をみていきましょう。このルーブリックは、学部生対象の統計学の授業で使用されていたものです。

課題は冒頭におかれ、レポートやプレゼンテーション、作品など提出されるものについて、学生に対して説明を記述します。場合によっては、達成目標を加えて挙げても良いでしょう。ルーブリックというと、評価観点・評価尺度・評価基準で構成される表のみが想起されがちです。しかしながら、評価を行うときに課題を見返すことも多く、再利用する場合にどのような課題のために作成されたルーブリックであったのかを明確にするため、課題が表に付されているほうが都合が良いのです。

評価観点は、表形式で表現される場合、左側に配置されます。文字どおり課題を評価するための観点であり、ルーブリックの要ともいえます。学生に身につけてもらいたい知識・スキル等に基づき、その課題を評価する具体的な視点を過不足なく挙げることが重要です。その課題の考案時に設定された達成目標が対応します。

評価尺度は、表形式では、最上行に配置されます。設定された評価観点がどれだけ達成されているのか、その達成の段階を示します。評価尺度は3段階もしくは4段階程度が一般的です。段階も細かくすればきめ細やかな評価ができますが、細かくするほど段階間の区別をする評価基準の書き分けが難しくなります。

評価基準は、表形式では、評価観点と評価尺度で区切られた各セル[4]に記述されます。それぞれの評価観点について、尺度の段階ごとに期待されている状態を具体的に記述したものです。段階間の差異を明確に書き分けることが重要です。

1.1.3. 一般的な使い方

ルーブリックは、一般的には次のように使います。

まず、教員が課題とルーブリックを作成します。そして、それらを学生に提示をします。ルーブリックは学生にとって課題に取り組む指針となりますから、提示するのが一般的ですが、後に述べるように提示しない場合もあります。学生は、ルーブリックが提示された場合にはそのルーブリックをガイドとして課題に取り組み、自己採点を行います。この自己採点も、必須ではありませんが、学生が自身で自己評価をすることも学習にとってはメタ認知[5]を促す活動として効果的であり、ま

4　表の各マス目のこと
5　メタ認知とは、「自分が認知していることや行っていること、感じていること」などを更に認識することです。「メタ」には「高次の」という意味があります。例えば、読書をしているときに、「自分は今読書をしている」と自分の活動を客観的にとらえている状態です。

た、教員側にとっても評価作業が少し軽減されます。そして、学生はルーブリックを添えて教員に課題を提出し、教員はルーブリックに基づいて評価を行い、学生に返却します。

① 教員は、課題とルーブリックを作成する
② 教員は、レポート等の課題をルーブリックを添えて学生に提示する
③ 学生は、ルーブリックを参考にして課題に取り組む
④ 学生は、ルーブリックを用いて自己採点を行う
⑤ 学生は、ルーブリックを添えて、課題を提出する
⑥ 教員は、ルーブリックに基づいて課題を評価する
⑦ 教員は、ルーブリックを添えて課題を学生に返却する

1.2. ルーブリックの特徴

1.2.1. ルーブリックを適用できる評価方法

　ルーブリックは、レポート課題やプレゼンテーションなど、評価者自身あるいは評価者間で採点に主観が入り込む場合や、採点者の疲労などの評価したい測定対象とは関係のない要因によって評価にブレが生じるような場合に適しており、ルーブリックを適用することにより評価の質を上げることができます。逆をいえば、選択回答式問題のように正解が一意に定まる評価方法は主観的判断などが入り込む余地がないため、適用する必要がありません。

　図1は評価方法を、筆記 - 実演および単純 - 複雑というおおまかな軸によって分類し、どの部分にルーブリックが適用できるかを図示したものです。図から読み取れるように、選択回答式問題以外の、断片的観察や自由記述式問題、実技テスト、パフォーマンス課題等に適用することができます。

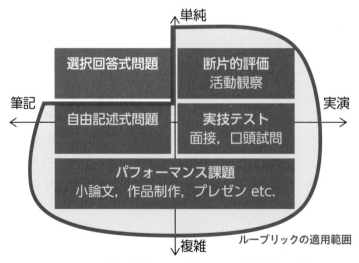

図1　評価の方法とルーブリックの適用範囲

1.2.2. ルーブリックと評価方法の質との関係

　図1のように、学習者が到達目標を達成しているかどうかを評価するには様々な方法があります。何らかの評価を行ううえで、「これは良い評価方法なのか?」という問いは、学習者の学びの助けになるのかどうかに直結しますので、重要な問いです。

　では、何をもって、評価方法を"評価"すれば良いのでしょうか。評価のための観点としていくつかの性質を考えることができます。ここでは特に、信頼性・妥当性・効率性という性質について考えてみましょう。まず、それらについて概観し、次にルーブリックを適用することで、これら信頼性・妥当性・効率性という性質がどうなるのかについてみていきましょう。

　信頼性とは、その方法の精度に関する性質であり、結果の再現性を表します。例えば、体重を計ろうとして体重計にのるとき、ある人が何度体重計にのっても同じ目盛りが示されれば、その体重計の信頼性は高いといえます。同様に、学力を測定する試験の場合、同じ集団や個人に、同質の試験(「同じ試験」といわないのは、同じ試験だと2回目は一度経験した試験ですから学習が生じて点数が上がる可能性があるためです)を何度行っても同じ結果が得られる程度をいいます。また、同じ学力をもつとされる人が2人いたらならば、2人とも同じような結果を得られるかどうか、というのも信頼性に関わることです。

　妥当性とは、評価方法の適切さのことです。用いる評価方法が、測定対象となる能力などを正しく測定しているのかどうか、に関する性質です。例えば、体重を計りたいのに、身長計をもってきても当然体重を測定できませんね。これは明らかに不適切であることがわかります。しかし、数学の試験において、数学の能力が測定できているのかどうか、については、明確に示すことは実は簡単なことではないのです。例えば数的処理能力に関する試験なのに忍耐力あるいは語学力を測定しているのでは、といったことが試験問題のつくり方によっては生じてしまうのです。具体的にいえば、日本人の一般的な高校生に対して、数学の能力を確認するための試験を課すとします。その際に試験問題がアラビア語で記述されていれば、数学に関する能力だけでなく、アラビア語の読解力が必要になり、この試験の妥当性が危ぶまれます。

　効率性とは、評価の時間的・経済的な実用性です。信頼性や妥当性と比較すると評価の質としては本質的な部分ではありませんが、実用上は重要な性質です。ある能力を測定するには理想的な評価方法が見つかったとしても、効率性が低い場合、すなわち、時間がかかったり、多額の費用がかかったり、設備的な準備が大変だったりなどすれば、結果的に実行不可能となる場合も生じるためです。

　同じ評価方法であっても、測定したい能力に対して適切に設計されているかどうかでこの信頼性・妥当性・効率性は変化します。ここでは、具体的にレポート課題についてとりあげ、その信頼性・妥当性・効率性について考えてみましょう。

　レポート課題は、よく用いられる評価方法の1つですね。「優・良・可・不可」や「S・A・B・C」などの評点にコメントを添えた評価方法が一般的ではないでしょうか。しかし、レポート課題は採点のブレが生じやすいことは、採点経験のある方ならば想像がつくことでしょう。多くのレポートを採点するとき、途中で採点の基準が変わってしまったかもしれないという疑いをもったり、同じような質のレポートに対して同じ評価がつけることができているかどうかについて今一つ自信がもてなかったりしたことはありませんか。まさにこれが、信頼性に関わる部分です。

また、妥当性についても、レポート課題が授業の目標にどのように対応づいているのかが不明な場合、あるいはどのような観点で採点をしているのかあやふやな場合には、妥当性が危ぶまれるケースです。

　更に、効率性については、レポート課題の枚数が多いほど、また、人数が多いほど時間を要し、採点が大変な作業になっていきます。また、この採点作業の負荷の増大は、信頼性の低下も招く可能性もあります。したがって、レポート課題の評価は、その設計が適切でなければ、信頼性・妥当性・効率性のいずれも低くなってしまう可能性があります。

　こうしたレポート課題の一般的な評価方法に対し、ルーブリックによる評価を導入するとどうなるでしょうか。結論からいえば、適切なルーブリックを適用できるならば、信頼性・妥当性・効率性の全てを高めることができます。

　ルーブリックは評価観点と評価尺度に基づいて評価基準が細かく可視化されるために採点のブレを減じます（信頼性の向上）。また、評価観点が明示されていることで「何を測定しているのか」が明確になります（妥当性の向上）。更に、評価基準が示されており、評価基準に照らして判断するという作業によって採点が進行するため、採点の時間も短縮されます（効率性の向上）。したがって、適切に作成されたルーブリックは評価方法の質をより高める方向に作用するのです。

1.3.　ルーブリック適用におけるメリットと留意点

　1.2. 節で解説したとおり、ルーブリックはレポート課題などに正しく適用することで、信頼性・妥当性・効率性を向上させ得ることがわかりました。ここでは、更に、ルーブリックを作成することによるメリットを整理します。また、よくデメリットとして挙げられる点を留意点としてとらえ、その対処方法とともに解説します。

1.3.1.　ルーブリック適用におけるメリット

　ここでは、ルーブリックを評価方法として適用した場合のメリットについてみていきましょう。学生と教員それぞれについて考えていきます。

学生にとってのメリット

　評価方法にルーブリックを適用した場合、学生にとってのメリットは次のようなものが挙げられます。

> 達成目標が明確な課題に取り組むことができる
> なぜこの評価になったのかという理由が明確になる
> 丁寧なフィードバックを受けることができる
> 課題に取り組むガイドを得られる

・達成目標が明確な課題に取り組むことができる

　　教員がある課題の採点のためにルーブリックを作成すると、評価観点を洗い出す際にその当

該課題の達成目標との対応を吟味することになります。すると、達成目標を明確にするために課題自体の意義を問い直し、同時に表現も改善が施されます。そして、ルーブリックの評価観点も過不足なく定義されていきます。つまり、課題とルーブリック双方の精緻化の往還が生じます。結果として、学生は、目標が明確に提示された課題に取り組むことができ、それは学習に寄与する活動となります。

・なぜこの評価になったのかという理由が明確になる

　ルーブリックとして評価観点が定められ、評価基準が明確に示されていることで、評価結果が返却されたとき、なぜこの評価になっているかという理由が明確です。ルーブリックを返却することで、単純な「優」「B」「75」などの評点に対して、その根拠を理解することができます。

・丁寧なフィードバックを受けることができる

　フィードバックという点に関していえば、ルーブリックの評価観点ごとの評価基準が、その基準を満たす要件として文章で記述されていることから、「ある評価基準に該当する／しない」という情報がそのまま学生へのフィードバックとして機能します。つまり、評価観点ごとに、どういう評価基準が満たされていたのか・いないのか、というフィードバックを得ることができるため、自分の不足している部分を確認できるのです。

・課題に取り組むガイドを得られる

　ルーブリックの効果的な使い方の一つとして、課題を出すときにルーブリックを学生に示すというものがあります。このとき、ルーブリックはその課題における評価観点の一覧であることから、学生はルーブリックを課題に取り組むガイドとして用いることができます。つまり、漫然とではなく、目的意識をもって課題に取り組むことができるのです。

以上が学生にとってのルーブリックが用いられることのメリットです。

教員にとってのメリット

　教員にとってのメリットは、学生にとってのメリットを教員の視点からとらえたものも含まれますが、以下のとおり5点が挙げられます。

> 目標を明確にした課題を設計できる
> 妥当性の高い評価を行うことができる
> 採点時間を短縮できる
> 効率良く学生に丁寧なフィードバックを返すことができる
> 複数の教員で整合的な評価をすることができる

・目標を明確にした課題を設計できる

　まず、ルーブリックを作成することで目標を明確にした課題を設計することができます。目標を意識していて設計したつもりでも、課題の文章を改めて見返してみると曖昧になっていることは多いものです。ルーブリックを作成する過程において、まず、評価観点を挙げてみると、課題の表現に改善点が見つかることがあります。自分がその課題によって、学生のどのような成長を確認したいのか、をルーブリックの作成によってより明らかにすることができます。

・妥当性の高い評価を行うことができる

　ルーブリックの作成によって評価観点が明確に定義されることは、評価の性質からいえば妥当性が増すことにつながります。妥当性とは、測定したいことが測定できているか？という性質ですから、ルーブリックの作成によって、何を評価したいのか、という点が明らかになることで妥当性が高められるのです。ルーブリックは「何を測ろうとしているのかよくわからない」とう課題を改善することができます。

・採点時間を短縮できる

　また、「頭のなかに暗黙裡にある評価観点」で採点する場合よりも、ルーブリックに基づき「明示された評価観点・評価尺度・評価基準」に従って評価するほうが、採点に要する時間は短縮されます。ルーブリックがなければ評価の判断基準が曖昧となるため、既に採点した課題を見返すなどして、学生間の相対的な情報もときに使った経験が思い当たりませんか。ルーブリックに基づくことでこうした「行きつ戻りつ」が減り、判断のブレが少なくなります。

・効率よく学生に丁寧なフィードバックを返すことができる

　ルーブリックがあることで、効率よく学生に丁寧なフィードバックを返すことができます。ルーブリックは、成果物に対して該当する評価基準にマークをするなどして返却されます。ルーブリックがなければ、複数の学生に同じコメントを何度も書かなければなりませんが、ルーブリックの場合はただマークするだけで、丁寧なコメントを返すことができるのです。教員の立場からすると、「同じコメントを何度も何度も書かなくてはならない」という事態を解消することができます。

・複数の教員で整合的な評価をすることができる

　同じ授業科目を複数の教員が実施する場合、同等の能力をもつ学生を同等に評価できるかという問題もルーブリックにより解決することができます。担当教員全員で合意したルーブリックを用意することで、採点の甘さ・辛さといった教員間の差異を最大限減らし、整合的な評価を行うことができるのです。このためには、一般的にはルーブリックを作成するだけでなく、いくつかのサンプルについて全員で採点を行い、その差異について検討をして解消するというプロセス（モデレーションといいます）を入れることが望ましいでしょう。

1.3.2.　ルーブリック適用における留意点

　ここでは、ルーブリックの適用における留意点について考えてみましょう。ルーブリックを用いようとするときにデメリットとして語られることもありますが、これらに対して、「だから使わないほうが良い」というのではなく「こうすれば良い」「こういう点に気をつけて使えば良い」という方針を示しつつ、考えていきます。

> ルーブリックを作成するために時間がかかる
> 不本意な評価になってしまいそうだ
> 学生の創造性や独創性が失われるのではないか
> ルーブリックを学生に示したら点とり虫になってしまいそうだ

・ルーブリックを作成するために時間がかかる

　ルーブリックを何もないところから作成しようとすると時間がかかることは事実です。過不
足のない評価観点の決定や、評価尺度間で判断に迷わない評価基準の記述などは、良いルーブ
リックをつくろうと思えば、必ず悩むところでしょう。

　しかし、世の中には既に多くの良いルーブリックが存在しますから、それらをひな形にする
ことで、最初から作成するという手間を軽減することが可能です。第2章において紹介してい
ますが、全米カレッジ・大学協会（American Association of Colleges and Universities）
が公開している VALUE Rubrics (p.18) はまさにそのような用途を目的に作成され公開され
ています。

　ただ、VALUE Rubrics を参考にしたとしても、ルーブリックの作成に時間がかかることを
否定はできません。ルーブリックの作成は大変なものなのです。しかし、評価にかかる全体の
時間を考えると、「初期投資としてのルーブリックにかける時間」は寧ろ実際の採点作業の短
縮に寄与します。また、先節で挙げたように、ルーブリックを用いることで学生と教員に多く
のメリットが生じます。また、同じようなルーブリックを今後用いていく場合には、将来も継
続して質の高い評価の実現と評価作業時間の短縮に寄与することになります。したがって、「大
変だから」という理由でルーブリックの作成を諦めないで欲しいのです。

　また、生成 AI をうまく使うと良いルーブリックを効率的に作成することもできます（【Tips】
p.23 参照）。

・不本意な評価になってしまいそうだ

　ルーブリックで評価を行うと、自分の思ったとおりの評価にならないように感じることがあ
ります。本当は高い点数をつけたいのに低くなったり、その逆が生じてしまったりする経験は
ありませんか。

　これは、ルーブリックにおいて定められた評価観点が、自分の頭のなかにある観点とずれて
いたり、評価観点が不足している場合に生じます。また、レポート課題を出してみると、教員
が予想していなかった内容（良い場合も悪い場合もあります）であるときに、自ら作成したルー
ブリックに縛られて、不本意な採点となってしまう場合もあります。

　こうした事態を避けるためには、いくつかの方法が考えられます。第一に「はじめて作成し
たルーブリック」の場合には、課題を提示する際に「ルーブリックを公開しない」という方法
が考えられます。学生にとってのメリットとして挙げたように、ルーブリックは課題に取り組
む際のガイドとして使えるため、学生に対して課題とともに提示するメリットは大きいのです
が、これをやめて非公開とするのです。そして、提出された課題の評価をしつつ、ルーブリッ
クの修正をかけていきます。「つくってみたけど自信のないルーブリック」が手元にある教員
にとっては、現実的な対処として有効です。

　第二に、課題を2回出す、という方法があります。第一の方法と似ていますが、1回目の提
出物に基づいてルーブリックを作成し、同じ課題を学生につくったばかりのルーブリックとと
もに再び提示し、このルーブリックに従って修正されたレポート課題の再提出を認める、とい
う指示とします。このとき、この再提出をボーナス得点のように位置づければ学生のモチベー
ションを高められるでしょう。この方法をとることで、的確なルーブリックに基づいた評価を
行うことができます。学生にとって、同じレポートに2回取り組むという手間をかけてもらう

ことになりますが、自身のレポートをルーブリックに沿ってブラッシュアップする、という取り組みは自分の学びを振り返り、メタ認知（p.7脚注）をするという意義があります。そうした「見直す意義」をきちんと伝えましょう。（表1（p.6）のルーブリックはこの方法で作成されました。課題にその特徴が表れています。）

　第三には、学生に提示する前に、ティーチング・アシスタントあるいは自分自身で実際にレポート課題に取り組み文章を書いてみて、それに対してルーブリックで評価をしてみるという方法です。レポートは一つではなく、できれば様々なクオリティのものが複数あると良いでしょう。それを試しに採点をすることで、修正点が見えてきます。

　第四には、ルーブリック以外の評価方法をあわせて使うというものです。つまりルーブリックだけでの対応ではなく、他の方法を組み合わせることで妥当な結果を返そうという発想です。例えば、ルーブリックを作成したところ、教員が想定している以上に素晴らしいレポートが学生から提出されることがあります。このとき、もっと高い評価をしてあげたいけれども、ルーブリックで採点するとある一定以上のレポートは全て満点となってしまって差がつかない、というようなことが起こります。いわゆる天井効果が生じている状況です。対処としては、ルーブリックを用いた評価の満点を9割として残りの1割を特に優れたレポートのために確保しておき、コメントで返すなどの方法が考えられます。

　第五には、作ってみたルーブリックを他の人に見せてコメントをもらうという方法です。自分にはない視点から確認してもらうことで、改善点や新しい観点が見つかりやすいでしょう。

　以上、対応策について挙げましたが、最初の3つの方法に共通しているのはレポート課題の現物で採点をする、という点です。ルーブリックは頭のなかにある観点を可視化することによって、課題の精緻化につながるものの、それでも教員の想定では及ばない観点があるものです。教員自身の想像力の偏りを補うには、実際の成果物で試しに評価をしてみることがもっとも確実な方法といえます。

　頭のなかにあるアイデアだけで最初から質の十分高いルーブリックをつくることができるとは思わず、もし毎年類似のレポート課題が出題されるのならば、ルーブリック自身も改善によって成長していくもの、というとらえ方をしていきましょう。

・学生の創造性や独創性が失われるのではないか

　ルーブリックが課題に対する成果物の画一性を助長し、学生の創造性や独創性を奪うのではないか、という懸念もよく聞かれるものの1つです。

　この心配に対して、まず点検すべきはその課題で達成してもらいたい目標は何か、という点です。その課題によって創造性を発揮することを求めないならば、その懸念は不要なものとなります。採点する側にとっては面白味に欠ける評価活動になるかも知れませんが、目標としてに創造性を求めないならば、それで良いのです。

　次に、創造性や独創性を発揮することがその課題において目標となっている場合には、それをルーブリックの観点として含めましょう。ただし、「創造性」という観点に対して、評価基準を「大変創造的である」といった記述にしているのでは、評価者は後に判断に困ることになります。課題の特徴に応じて、何を以って創造性が高いと判断できるのか、より具体的な記述が必要です。たとえば、先に（p.13）に紹介したVALUE Rubrics（p.18）には、「Creative Thinking」（創造的思考）というルーブリックがあるので、その評価観点も参考になるでしょ

う。

・ルーブリックを学生に示したら点とり虫になってしまいそうだ

　　ルーブリックを課題とともに学生に渡したら、その評価観点を達成することに集中して点とり虫になってしまうのではないか、という声が聞かれることもあります。しかし、これは、学生にしてみればルーブリックが課題に取り組む指針として渡されているのですから、至極まっとうな行動です。それを教員が「点とり虫」に感じるのだとしたら、それは評価観点の設定が表層的であるなど、適切なルーブリックではないのでしょう。例えば、課題に取り組むことで深い思考を促すなど本質的な観点を考えましょう。

　　また、「点とり虫」になってしまう他の要因としては、その課題に取り組む動機づけが十分でない可能性があります。課題に取り組む価値を明確に示すことで、単なる高い点数をとるためだけの行動ではなく、課題について深く考えたり、工夫したりといった活動そのものに意義を感じられるような説明や明確な指示を心がけましょう。

　　以上がルーブリックを用いる際の留意点となります。ルーブリックをいたずらに避けるのではなく、かといって過信をすることもなく、適切に活用して学生の学びにつなげていきましょう。

参考文献

ダネル・スティーブンス、アントニア・レビ著、佐藤浩章監訳、井上敏憲・俣野秀典訳（2014）『大学教員のためのルーブリック評価入門』玉川大学出版部

American Association of Colleges and Universities. (2009) Valid Assessment of Learning in Undergraduate Education（VALUE）. Author. https://www.aacu.org/initiatives/value（2023 年 11 月 18 日 accessed）

第2章　ルーブリックを作成する

　本章では、ルーブリックの具体的な作成方法について扱います。ルーブリックは、どのようなものかを説明はできても、実際に良いものを作成するとなるとそれほど簡単なことではありません。ここでは、注意点も丁寧にとりあげながら、順を追ってルーブリックの作成を進めていきます。まず、2.1.節では作成の概要を示し、ルーブリック作成全体を見渡します。そして、2.2.節以降は、ルーブリックの各作成段階を詳しくみていきます。2.2.節は「課題を決定する」、2.3.節は「評価観点を決定する」、2.4.節は「評価尺度を決定する」、2.5.節は「評価基準を決定する」、2.6.節は「点数を配分する」、2.7.節は「全体を確認して質を上げる」です。

2.1.　作成の概要

2.1.1.　作成プロセスの概要

　ルーブリックの作成は、単純には次の6段階に分けられます。ただし、実際には各段階を前に戻ることなく確実に「決定」していくことは難しく、例えば、②において評価観点を決めようとしてうまくいかず、①の課題を練り直すなど、段階間の往還がしばしば生じるものです。この往還はルーブリックを作成するだけでなく、課題そのものについて、達成目標に応じた的確な記述内容にするために、当たり前に生じるプロセスだと思っておくくらいでちょうど良いでしょう。

　　① 課題を決定する
　　② 評価観点を決定する
　　③ 評価尺度を決定する
　　④ 評価基準を決定する
　　⑤ 点数を配分する
　　⑥ 全体を確認して質を上げる

2.1.2.　事例の紹介

　ここでは、オンライン講座「インタラクティブ・ティーチング」のワークシートおよび栗田・日本教育研究イノベーションセンター（2017）に所収されている、課題（図2）とルーブリックの表（図3）を例に進めていきます。

　図2の課題は、「インタラクティブ・ティーチング」においてアクティブ・ラーニングをトピッ

クとして、ルーブリックの理解のために考案されているものであり、本来のレポート課題よりは分量が少ないのが特徴です。また、150～300字という字数制限は、課題の入力時に自動でその範囲におさまっているか判定されるため、評価の観点に含めていません。学習者は、大学教員を目指す人を想定しています。

> **課題** 「大学の授業にアクティブ・ラーニングをとりいれるべきである」という主張に賛成か、反対か。いずれかの立場を選び、根拠となる文献を参照・引用しながら論じなさい。参考文献リストを除いて、150～300字で論じること
> **このレポートの目標**
> ・適切に根拠を明らかにして自分の立場を明確に記述できる
> ・適切な文書で正しく記述できる
> ・参考文献を参照し、その書誌情報を正しく記述できる

図2　課題の例（『インタラクティブ・ティーチング』）

	観点	理想的	標準的	要改善
構成	立場の表明	冒頭または末尾に立場に関する記述がある。	冒頭または末尾以外に立場に関する記述がある。	立場に関する記述がない。
	立場をとる根拠	立場をサポートする根拠となる文献が二つ以上示されている。	立場をサポートする根拠となる文献が一つ示されている。	立場をサポートする根拠となる文献が示されていない。もしくは、そもそも立場に関する記述がない。
	立場のサポートとは関係のない記述	立場のサポートとは関係のない記述がない。	立場のサポートとは関係のない記述が全体の二割未満である。	立場のサポートとは関係のない記述が全体の二割以上である。
表現	誤字・脱字	誤字・脱字、文法上の誤りがない。	誤字・脱字、文法上の誤りが一～二カ所ある。	誤字・脱字、文法上の誤りが三ヵ所以上ある。
	文体		常体（だ、である調）もしくは敬体（です、ます調）で統一されている。	常体と敬体が混じっている。
	書誌情報		引用文献の書誌情報が全て書かれている。	引用文献の書誌情報が一部しか書かれていない。もしくは、全く書かれていない。

栗田・日本教育研究イノベーションセンター（2017）より抜粋

図3　ルーブリックの例（『インタラクティブ・ティーチング』P.220）

2.2. 課題を決定する

　まず、ルーブリックを作成の第一歩は、課題の内容を決定することです。

　ルーブリックは多肢選択など予め正答が決まっている評価形式ではない課題に対して適用されます。例えば、レポートや小論文、プレゼンテーション、作品などが挙げられます。これらの課題の内容を決定する際に大切なのは、この課題を課す目的です。何のためにこの課題を学習者に取り組んでもらうのか、この課題に取り組むことによって、達成してもらいたい目標は何なのか、という点です。目標の設定については、中村・栗田（2021）にある Bloom の教育目標分類や Fink の意義ある学習分類を参照すると良いでしょう。目標は、まず、各授業で複数定められているものですので、それらのうちどの目標を達成するための課題なのか、という点をまず、考えます。更に、その課題そのもののより具体的な目標を定め、その目標に従った課題内容を考えることになります。

　ただ、この課題内容が多少曖昧なものであったとしても、次に続くルーブリックの評価観点を考えるときにその曖昧さに気づくことができるため、大まかな内容を決めたら、次のステップに進んでも差し支えありません。実際に、例となっている課題（図2）には目標がありますが、これはルーブリックを検討する過程で後につけ加えたものです。

2.3. 評価観点を決定する

　課題内容を（暫定的にでも）決定できたら、次にルーブリックの評価観点を考えて言語化します。評価観点は過不足なく設定する必要がありますが、個数の目安としては一般的には7個程度までとされています。少な過ぎると、1.3.節でとりあげたように不本意な評価結果を導きやすくなるでしょう。一方、多過ぎても評価する側も学習者側もデメリットが大きくなります。評価観点が多過ぎると、評価者にとっては採点の手間が多くかかり、ときに信頼性が低下するかもしれません。学習者にとっては、過大なフィードバックは、せっかくの内容が消化不良となったり、学習意欲の低下につながったりする恐れも生じます。評価観点が多過ぎる場合には、観点を見直すことはもちろんですが、課題内容に立ち返りもっとシンプルな内容にできないかどうかを再考しましょう。

　また、評価観点は、判断を含めない中立的な語句で構成します。具体的にいえば、「論理構成」「独創性」といった形容詞を伴わない語句を用います。一方、良くない評価観点の例は、これらに判断が入ったもの、例えば「優れた論理構成」といった表現です。形容詞の部分は、本来は評価基準において記述する部分であり、評価観点に判断を表す要素が入っていると評価基準が大変書きにくくなってしまうのです。どのような語句を用いれば良いかについては、類似する課題内容に対応するルーブリックだけでなく多様なルーブリックを確認すると良いでしょう。例えば、前述した全米カレッジ・大学協会（American Association of Colleges and Universities）が公開している VALUE Rubrics[6] は信頼性および妥当性が検証されている質の高いルーブリックであり、16のひ

6　https://www.aacu.org/initiatives/value-initiative/value-rubrics　日本語翻訳版もダウンロード可能です。
　VALUE Rubrics についての詳細は、栗田（2017: p.97）を参照してください。

な形となるルーブリックを無料公開しており、自由にカスタマイズして使えるようになっています。

　また、繰り返しになりますが、評価観点を「過不足なく」という点は非常に重要です。不足している場合と多過ぎる場合について詳しくみていきましょう。評価観点が不足している場合、本来は評価対象としたい要素が欠けているために、いま一つの成果物に対しても高い評価をつけざるを得ないという不本意な状況が生じる可能性があります。一方、評価観点が過大な場合、課題内容にはない評価観点が含まれていることがあります。つまり、課題には記されていない「隠された」評価観点ということになります。この場合は、その評価観点を削除するか、課題内容にその評価観点が含まれるよう記述を修正しましょう。

　評価観点を設定する際には図3のルーブリックのようにいくつかの観点をグループ化することも考えてみましょう。ルーブリックの評価観点は互いに独立であることが望ましいですが、それでもグループ化できるような場合には、そうしたほうが評価観点の構造が明快になります。

2.4. 評価尺度を決定する

　次に評価尺度を決定します。通常は3段階から4段階程度とします。あまり段階数が多いと、次の評価基準の書き分けが難しくなります。

　段階を表す語句にも注意しましょう。特に低い段階の尺度名は教育的配慮をする必要があるでしょう。「要改善」「要努力」「頑張りましょう」などが考えられますが、いずれにしても受け取った学習者が、「もっと頑張ろう」という気持ちになるような尺度名にしましょう。

　図4のルーブリックでは、評価の高い順から「理想的」「標準的」「要改善」の3段階となっています。それ以外には下記のような評価尺度が考えられます。

レベル高	レベル中	レベル低
優秀	良	要改善
卓越	標準的	再学習
模範的	合格圏	不合格
理想的	可	C
S,A	A,B	

図4　評価尺度に用いられる語句の例

2.5. 評価基準を決定する

　評価観点と評価尺度が決まったら、それぞれ表の列と行に配置し、各評価観点と評価尺が交差する欄に評価基準をつくっていきます。評価基準は、ある特定の評価観点のある特定の評価尺度に到達している状態を表します。

　評価基準が異なる評価尺度間で明確に書き分けられていることが重要です。例えば、1）達成されている事項の数、2）ある事項の達成度を表す形容詞や副詞の表現、3）ある事項の達成度の数値、などで書き分けていきます。いずれも基本的には、「もっとも達成度の高い評価基準から順に、達成されていることが量的あるいは質的に減っていく」ように記述します。

　評価基準がうまく書き分けられていないと評価者の主観が入り込む余地が生じて、採点のぶれにつながります。そして、評価に時間がかかる、あるいは評価の信頼性が低下するといったことが起こります。

　評価基準の書き分けについて少し詳しくみていきましょう。

　例えば、図5において「立場をサポートとは関係のない記述」として次のように評価基準が表現されています。

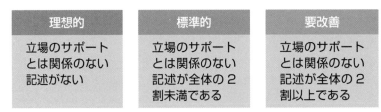

図5　評価観点「立場をサポートとは関係のない記述」

　上記の評価観点は、3段階の尺度で構成されています。理想的から標準的、要改善と進むにつれて「立場のサポートとは関係のない記述」がゼロから2割未満、2割以上というように大きくなっています。これは3）に挙げた数値で評価基準間の差を表現しています。

　別の例をみてみましょう、松本他（2018）には建築デザイン製図のルーブリックが複数おさめられています。そのうちの「平面図のルーブリック」（松本他，2018: p.48）にある評価観点「仕上げ（壁・開口部)」には、次の評価基準が示されています。この評価基準では、「部分的に」「全体的に」といった語句によって評価基準が書き分けられていることがわかります。

評価A	評価B	評価C
壁と開口部の仕上げについて、太線と細線を使い分けて描いている	部分的に、壁または開口部の仕上げについて、太線と細線を使い分けて描いていない箇所がある	全体的に、壁または開口部の仕上げについて、太線と細線を使い分けて描いていない

図6　評価基準の例:平面図のルーブリックにおける評価観点「仕上げ（壁・開口部)」松本他（2018）p.48

また、先に紹介した VALUE Rubrics の一つ、チームワークについてのルーブリックの評価観点の一つは図7のような構成です。この評価観点は、満たすべき事項が四つ挙げられており、そのうちのいくつを満たすかで評価基準が書き分けられています。実際評価をしてフィードバックをする場合には、できている項目の□にチェックを入れて返却します。

重要な点は、もっとも良い評価基準から順に、達成されている要素が単調に減少していくように評価基準を定めるということです。途中、中間的な評価基準に、上位の評価基準にはなかった要素が現れないように留意しましょう。

キャップストーン	マイルストーン	マイルストーン	ベンチマーク
以下の全てを行うことで、建設的なチームの雰囲気づくりに貢献する	以下のうち三つを行うことで、建設的なチームの雰囲気づくりに貢献する	以下のうち二つを行うことで、建設的なチームの雰囲気づくりに貢献する	以下のうち一つを行うことで、建設的なチームの雰囲気づくりに貢献する
□礼儀正しくなおかつ建設的なコミュニケーションを行うことで、チームメンバーに敬意をもって接する	□礼儀正しくなおかつ建設的なコミュニケーションを行うことで、チームメンバーに敬意をもって接する	□礼儀正しくなおかつ建設的なコミュニケーションを行うことで、チームメンバーに敬意をもって接する	□礼儀正しくなおかつ建設的なコミュニケーションを行うことで、チームメンバーに敬意をもって接する
□チームやチームの成果について肯定的な姿勢を伝えるため、効果的な口調や文調、表情、ボディランゲージを用いる	□チームやチームの成果について肯定的な姿勢を伝えるため、効果的な口調や文調、表情、ボディランゲージを用いる	□チームやチームの成果について肯定的な姿勢を伝えるため、効果的な口調や文調、表情、ボディランゲージを用いる	□チームやチームの成果について肯定的な姿勢を伝えるため、効果的な口調や文調、表情、ボディランゲージを用いる
□課題の重要さやそれを遂行するチームの能力について自信を示すことで、チームメイトを動機づける	□課題の重要さやそれを遂行するチームの能力について自信を示すことで、チームメイトを動機づける	□課題の重要さやそれを遂行するチームの能力について自信を示すことで、チームメイトを動機づける	□課題の重要さやそれを遂行するチームの能力について自信を示すことで、チームメイトを動機づける
□チームメンバーを支援したり励ましたりする	□チームメンバーを支援したり励ましたりする	□チームメンバーを支援したり励ましたりする	□チームメンバーを支援したり励ましたりする

図7 評価基準の例：チームワークのルーブリックにおける評価観点「建設的なチームの雰囲気つくり」VALUE Rubrics（AAC&U）より作成

2.6. 点数を配分する

課題を定め、評価観点、評価尺度、評価基準を定めたら、ルーブリックは完成といえます。しかし、各評価基準の確定だけでなく、総体としてどうであったかという総合評価を返したい場合や、各評価観点の重みが異なる場合には点数を配分しましょう。例えば、図3のルーブリックの場合、例えば「立場の表明」と「誤字・脱字」という評価観点について、「立場の表明」をより重要と考え評価に重みづけをしたい場合には、図8のように点数配分することが考えられます。

なお、満点を先に設定すると各配点が中途半端になってしまいますが、次の式を用いて点数の変換を行えば、任意の満点に対する点数にすることができます。つまり、評価を行うときにはひとまず満点の点数は気にせずにいても良いのです。

$$(返還後の得点) \ = \ \frac{(元の得点)}{(作成したルーブリックの満点)} \ * \ (満点としたい点数)$$

例えば、図8のルーブリックは、満点が12点となっています。ある人の評価が6点となった場合、10点満点における点数したい場合には、次のように考えます。

> 元の得点：6点
> 作成したルーブリックの満点：12点
> 満点としたい点数：10点

　これらを上記の式に当てはめると変換後の得点は次の計算式により、5点となります。

$$(返還後の得点) = \frac{6}{12} * 10 = 5$$

	観点	理想的	標準的	要改善
構成	立場の表明	冒頭または末尾に立場に関する記述がある。 4	冒頭または末尾以外に立場に関する記述がある。 2	立場に関する記述がない。 0
	立場をとる根拠	立場をサポートする根拠となる文献が二つ以上示されている。 4	立場をサポートする根拠となる文献が一つ示されている。 2	立場をサポートする根拠となる文献が示されていない。もしくは、そもそも立場に関する記述がない。 0
	立場のサポートとは関係のない記述	立場のサポートとは関係のない記述がない。 2	立場のサポートとは関係のない記述が全体の二割未満である。 1	立場のサポートとは関係のない記述が全体の二割以上である。 0
表現	誤字・脱字	誤字・脱字、文法上の誤りがない。 2	誤字・脱字、文法上の誤りが一～二カ所ある。 1	誤字・脱字、文法上の誤りが三カ所以上ある。 0
	文体		常体（だ、である調）もしくは敬体（です、ます調）で統一されている。 1	常体と敬体が混じっている。 0
	書誌情報		引用文献の書誌情報が全て書かれている。 1	引用文献の書誌情報が一部しか書かれていない。もしくは、全く書かれていない。 0

栗田・日本教育研究イノベーションセンター（2017）より抜粋

図8　ルーブリックにおける点数付与の例

2.7. 全体を確認して質を上げる

これでルーブリックが完成しました。できあがったルーブリックについて誤字脱字等の確認とともに、課題、評価観点、評価尺度、評価基準について次のような点について改めて見直してみましょう。表2に良いルーブリックをつくるためのポイントをチェックリストとしてまとめました。

また、ルーブリック自体の質を上げるためには、自分で基本的な確認をする他に、先の節で示したように試行的に採点をしてみることや、他者からフィードバックをもらうことをすると良いでしょう。

表2 良いルーブリックをつくるためのチェックリスト

課題について
□課題が明確に記述されているか
□課題の目標は明確であるか
評価観点について
□課題の目標に対して過不足のない数になっているか
□評価観点は中立的な言葉が用いられているか 　（形容詞などが入っていないか）
□評価観点は簡潔な表現であるか
評価尺度について
□評価尺度の表現が教育的観点から適切な表現になっているか
評価基準について
□評価尺度ごとに基準間で明確に書き分けられているか
□優れているものから順に、満たされている要素が純減という形に 　なっているか（途中に新しい要素が加わっていないか）

【Tips】 ルーブリック作成における生成 AI の活用

2022 年秋頃より、急激に生成 AI（Artificial Intelligence）が発展してきました。生成 AI とは、入力される問いかけに応答して、テキストや画像などを生成することができる人工知能システムの一種です。この生成 AI については、学習する立場と教育をする立場からの影響を考える必要があります。

まず、学ぶ側から生成 AI をとらえると、「学生が生成 AI に依存して自分では思考しなくなってしまうのでは」「生成 AI にレポートを書かせてしまうのでは」という懸念が当初は先行しました。確かに、これらは楽をしようとする発想から安易に導かれる行動です。かといって、その場で手書きで書かせでもしない限り、禁止をすることも検出することもほぼ不可能でしょう。今後は生成 AI の存在を前提にして課題を考案し、提示する必要がでてきます。そのためには、課題の到達目標に対して、生成 AI がどのような働きをするのかを知ることが不可欠です。

学生には、生成 AI を正しく使いこなすためのリテラシー教育と、自ら思考することの大切さや学ぶ意義について理解してもらうことがより一層重要になるでしょう。

　一方、教員にとっては生成 AI は優れたアシスタントとすることが可能です。生成 AI に対して適切な指示をすればかなり良い働きをしてくれるでしょう。

　例えば、ルーブリックを作成するときに、まず、試作した課題と到達目標を生成 AI に伝えて、この課題に対する評価観点を挙げてもらうよう指示することができます。評価観点の個数も指示すれば、より好ましい評価観点を挙げてくれるでしょう。評価観点が今一つの場合には、生成 AI が何を評価観点と考えているのか、その定義をまず聞いてみましょう。

　こうして生成 AI に評価観点を挙げてもらうことで、教員自身が挙げた評価観点の抜け漏れを補充したり、あるいは生成 AI の出した評価観点をたたき台として洗練させていけば、より短時間で適切な評価観点のセットを完成させることができます。

　次に、評価尺度の数とただいまできあがった評価観点を示して、評価基準の作成を指示しましょう。「表形式で」と指示すれば、表で出してくれるでしょう。

　生成 AI が作成したルーブリックは、教員本人の考えを完全にトレースできるわけではないために、そのまま用いることはできないと思われますが、それでもルーブリックの作成の手間を減らし、作成時間をかなり短縮することができるでしょう。

　また、その課題に対して、生成 AI にダミーのレポートを作成してもらいそれを採点することで、ルーブリックのブラッシュアップができます。生成されるレポートについても、字数指定や、何かしらの特徴を指示することにより多様性をもたせることもできるでしょう。

　生成 AI を使いこなすには、的確な指示（プロンプト）が重要です。うまく指示を出して、優秀なお手伝いをしてもらいましょう。

参考文献

栗田佳代子・日本教育研究イノベーションセンター編著（2017）『インタラクティブ・ティーチング ― アクティブ・ラーニングを促す授業づくり ―』河合出版
松本正富編著、政木哲也・半海宏一・鯵坂誠之（2018）『建築デザイン製図』学芸出版社

ルーブリックを作成する

第3章 ルーブリックを活用する

本章では、ルーブリックの活用について4つの方法をとりあげて学んでいきます。まず、3.1.節で4つの方法について全体像を示します。その後、3.2.節で「学生が自己評価に使う」、3.3.節で「学生による相互評価」、3.4.節で「学生による作成」、そして3.5.節で「複数教員による評価」という順に、活用方法の詳細をみていきます。

3.1. 活用方法の概要

1.1.節では、教員がルーブリックを作成し、教員が使って評価するという手続きについて学びました。これがオーソドックスなルーブリックの活用方法なのですが、ルーブリックには他にも活用方法があります。本章では4つの方法を紹介していきますが、本節ではその全体像を確認しましょう。

4つの方法について、誰がルーブリックを作成し、誰がルーブリックに基づいて評価するのかという観点から整理したのが、表3です。

表3　活用方法の概要

	作成主体	評価主体
学生による自己評価	教員	学生自身（後に教員も確認）
学生による相互評価	教員	他の学生（後に教員も確認）
学生による作成	学生、教員	教員
複数教員による評価	教員	教員

「学生による自己評価」と「学生による相互評価」は、ルーブリックを用いた評価に学生が関わる点に特徴があります。また、「学生による作成」では、学生がルーブリックの作成に関わります。更に、学生が作成したルーブリックを用いた評価にも学生が関わる場合には、「学生による自己評価」や「学生による相互評価」と組み合わせた活用ということになります。一方、「複数教員による評価」は、オムニバス授業や、同一科目名の授業を異なる教員が担当する場合に用います。教員が作成したルーブリックを用いて教員が評価することが基本ですが、評価に学生が関わる場合には、「学生による自己評価」や「学生による相互評価」と組み合わせた活用ということになります。

以下、これら4つの方法の手順、メリット、デメリットと留意点について、それぞれ確認していきましょう。なお、「学生による自己評価」、「学生による相互評価」、「学生による作成」については、

政治学系の論文を執筆するゼミナールを例にして、授業のなかでどのように採り入れるかを具体的に紹介します。1つの授業（例：1学期間＝ 105 分×13 回）のなかで複数の方法をどのように展開していくかの参考にしてみてください。

3.2. 学生が自己評価に使う

3.2.1. 手順

　学生が自身の成果物を評価する自己評価は、後述するように学生にとっても教員にとってもメリットが多い方法です。ただし、学生が自己評価をする意義を理解していなかったり、妥当な評価をできなかったりする場合には、十分な学習効果が見込めません。

　こうした問題は、自己評価にルーブリックを正しく用いることで解決し得ます。具体的な手順は、以下のとおりです。

① 教員がルーブリックを作成する
② 教員がレポート等の課題にルーブリックをつけて学生に配布する
③ 教員がルーブリックの構成やメリット、デメリット／留意点、使い方を学生に伝える
④ 教員がサンプル課題を配布し、学生はルーブリックを用いた評価の練習をする
⑤ 教員は学生に成果物の提出前にルーブリックを用いて自己評価するように指示する
⑥ 学生がルーブリックを学習指針として課題に取り組む
⑦ 学生がルーブリックを用いて成果物を自己評価する
⑧ 学生がルーブリックを付して成果物を教員に提出する
⑨ 教員が学生の自己評価を確認しつつ、ルーブリックに基づいて成果物を評価する
⑩ 教員がルーブリックを付して成果物を学生に返却する。教員の評価と自己評価がずれている点を中心に振り返るように指示する

　ここで特に重要となるのが、③の説明を丁寧に行うことです。学生がルーブリックの使い方や意義、留意点を十分に理解していないと、いくらルーブリックを用いても十分な学習効果が見込めません。学生が目的意識をもって適切にルーブリックを用いた自己評価ができるように促すことが教員には求められます。その際には、本書第1章のルーブリック自体についての説明も参考にしてください。

　また、学生が慣れていない場合にはいきなり自己評価をさせないことも重要です。ルーブリックを用いると妥当な評価がなされやすいとはいえ、④の練習の機会はやはり必要です。

　学生がルーブリックを適切に用いて自己評価ができるようになっても、教員の評価と自己評価が

ずれることはあり得ます。学生が自身の思い込みや誤解に気づく好機となりますので、⑩の指示についても時間をかけて丁寧に行いましょう。

3.2.2. メリット

ルーブリックを用いた学生による自己評価には、学生や教員にとって次のようなメリットがあると考えられます。

評価の観点や基準をより深く理解できる

まず、成果物の評価に実際に関わることで、ルーブリックについての説明を聞いているだけのときに比べて、評価の観点や基準をより深く理解できるようになることが期待できます。

メタ認知能力の向上を促す

また、自身の成果物をルーブリックに照らして客観化することによって、成果物がどの水準にあるのかを把握して自ら学習方法を改善できる力（メタ認知能力）の向上を促せます（Brew, 1999）。複雑なパフォーマンスに取り組む課題の場合には、最初のうちは成果物それ自体よりも、学生の自己評価と改善計画こそが評価されるべきだとさえいえます（ウィギンズ・マクタイ, 2012: p.256）。このような自律的な学習者として成長することができるようになれば、当該科目の理解にとどまらず、他の科目、更には卒業後の学びにも活かせる汎用的な能力の向上も期待できます。

学びを促す

課題提示時に示されるルーブリックを意識して成果物に取り組むこと自体が学びを促すという点も挙げられます。これは、第1章で述べられているように教員のみが評価する場合にも見込める学習効果ですが（p.11）、自己評価の際にもルーブリックを意識することで、より大きな効果が生じ得ます。

評価を効率的に行える

ルーブリックを用いた自己評価には、教員にとっても、評価を効率的に行えるというメリットがあります。もちろん、最終的には教員も評価する必要がありますが（手順⑨）、第1章でも述べられているようにルーブリックを用いること自体が評価作業を効率的にします。学生の自己評価の質が高い場合には、追認するといった面が強くなりますので、一から評価をするよりも効率的になるでしょう。ルーブリックによる成果物の評価は、ルーブリックがない場合よりも時間がかからないとはいえ、一般的に教員にとって多くの労力を投じざるを得ない作業です。ここに時間をかけ過ぎずに効率化することで、授業や教材等のさらなる改善に多くの時間を割けるようになります。

3.2.3. デメリットと留意点

このようにルーブリックを用いた自己評価には多くのメリットがありますが、以下に挙げるデメリットについても把握しておく必要があります。ただし、デメリットについて予め対処することは十分に可能ですので、どのような点に留意して学生による自己評価を取り入れるべきかを併せて確

認していきましょう。

デメリット：自己評価の歪み

　自己評価のデメリットとしては、能力の低い人ほど自身の成果物に高い評価を、能力の高い人ほど低い評価をするという、評価に関する認知的な歪みの傾向（ダニング＝クルーガー効果）があることが指摘されています（Brown et al. 1997; Kruger and Dunning 1999）。こうした傾向があることに教員が配慮しないまま自己評価を導入してしまうと、かえって学びが損なわれるということになりかねません。

留意点：意義の説明

　そこで、まず、学生が漫然と自己評価することがないように、自己評価にはメタ認知能力を高め自律的な学習者となることを促すという意義があることを予め学生に伝える必要があります（手順③）。最終的には教員も評価する（手順⑨）ことを伝えることもまた、学生が自己評価に真剣に向きあうよう促すうえで有効でしょう。

留意点：自己評価の練習

　また、学生による評価の質を高める工夫も必要です。評価の見本を見せたり、サンプルを用いた評価の練習を行ったりすると効果的だと思われます。その際、教員による評価と学生の練習における評価とを対置し、ずれが生じる原因を考えるような機会があると、更に効果が期待できます（手順④）。

> 【事例から学ぶ】　政治学の論文作成ゼミナール
> 　「学生による自己評価」を導入している授業例として、ある政治学のゼミをとりあげたいと思います。このゼミでは、「自ら立てた問い（research question）に対し、論理的整合性と経験的妥当性のある解答を提示できるようになる」ことを授業の目的として、受講者は学期末の論文提出に向けて学びを深めていきます。ゼミは、大きく「第1部：良き読み手への道（第1回〜第7回）」と「第2部：良き書き手への道（第8回〜第13回）」の二つに分かれていますが、こうした構成は学術論文の「良き書き手」となるためには、まず「良き読み手」、すなわち他者の論文の要旨を正確に把握したうえで、そこで展開されている主張の意義や課題を建設的に指摘できる読者になる必要があるという教員の考えに基づいています。
> 　第1部は、輪読を中心に展開されます。受講者は、課題文献の要旨をまとめたうえで、意義や課題について指摘した成果物を毎週提出することが求められます。その際、受講者はルーブリックを用いた自己評価を成果物に付して提出します。ルーブリックには要旨・意義・課題それぞれの妥当性が評価観点として設けられているため、受講者はそうした観点から自身の成果物の到達度を検討することになります。
> 　この毎週の成果物は学期末の論文提出に向けた形成的評価として採り入れられているものですが、ルーブリックを用いた自己評価の練習の場でもあります。受講者は学期末の論文提出時にもルーブリックを用いた自己評価を付すことが求められますが、それに向けた

練習を毎週行っているわけです。

　なお、最終的には成果物を教員も評価し、教員評価と自己評価とのずれについて検討する機会を授業中に設けています。また、自己評価によりメタ認知能力が向上し、ひいては質の高い論文作成につながるという意義を受講者に繰り返し伝えたうえで導入しています。

やってみよう！
以下のポイントを参考にして自己評価を導入してみましょう。
□　自己評価の意義を学生に説明した
□　自己評価の練習の機会を設けた
□　教員評価と自己評価とのずれについて検討する機会を設けた

3.3.　学生が相互評価に使う

3.3.1.　手順

　学生同士で成果物を評価する相互評価は、自己評価同様、後述するように学生にとっても教員にとってもメリットが多い方法です。ただし、学生が相互評価をする意義を理解していなかったり、妥当な評価をできなかったりする場合には、やはり十分な学習効果が見込めません。

　こうした問題についても、相互評価にルーブリックを用いることで解決し得ます。具体的な手順は、以下のとおりです。

① 教員がルーブリックを作成する
② 教員がレポート等の課題にルーブリックをつけて学生に配布する
③ 教員がルーブリックの構成やメリット、デメリット／留意点、使い方を学生に伝える
④ 成果物が他の学生に参照されることについて、教員は学生から了承を得る
⑤ 教員がサンプル課題を配布し、学生はルーブリックを用いた評価の練習をする
⑥ 学生がルーブリックを学習指針として課題に取り組む
⑦ 学生同士がルーブリックを用いて成果物を相互評価する
⑧ 学生がルーブリックを付して成果物を教員に提出する
⑨ 教員がルーブリックに基づいて成果物を評価する
⑩ 教員がルーブリックを付して成果物を学生に返却する

　手順③の説明や手順⑤の練習の機会が特に重要となるのは、自己評価の際と同様です（3.2.1. 参

照）。なお、手順④の重要性については 3.3.3. で後述します。

　手順⑦については、複数の学生による採点をとりいれることも可能です。時間の余裕や目的に応じて、学生が評価する成果物の数を調整しましょう。

3.3.2.　メリット

　ルーブリックを用いた相互評価には、学生・教員双方にとって次のようなメリットがあると考えられます。基本的に自己評価と同様のメリット（3.2.2. 参照）ですので、説明はごく簡潔にします。

評価の観点や基準をより深く理解できる

　学生によっては、自身の成果物を評価する際と同様に、他の学生の成果物の評価に関わることで、評価の観点や基準をより深く理解することが容易になるでしょう。

メタ認知能力の向上を促す

　評価の観点や基準をより深く理解することによって、自身の成果物がどの水準にあるのかを把握して自ら学習方法を改善できる力（メタ認知能力）の向上を促せます。

学びを促す

　学生にとっては、ルーブリックを意識して成果物に取り組むこと自体が学びを促すでしょう。

評価を効率的に行える

　また、教員にとっても、評価を効率的に行うことが容易になるというメリットがあります。成果物の評価は一般的に教員にとって多くの労力を投じざるを得ない作業ですが、ここに時間をかけ過ぎずに効率化することで、授業や教材等のさらなる改善に多くの時間を割けるようになります。

3.3.3.　デメリットと留意点

　一方、デメリットについては、相互評価ならではのものを把握しておく必要があります。ただし、デメリットについて予め対処することは十分に可能ですので、どのような点に留意して相互評価をとりいれるべきかを併せて確認していきましょう。

デメリット：学生の心理的な不安

　相互評価では他の学生に成果物を評価されることになるため、ルーブリックによって評価に関する信頼性や妥当性が一定程度確保されているとしても、学生が心理的に不安を覚えることがあり得ます。

留意点：学生からの事前の了承

　そこで、まず、成果物が他の学生に参照されることについて事前に学生から了承を得ることが必要です。その際には、相互評価がもたらす学習効果（相互評価の意義）について学生に伝えることが重要でしょう。これは学生が漫然と相互評価をすることを防ぐうえでも必要になります。最終的には教員も評価することを伝えれば、上記の心理的不安を軽減するうえでも、また学生が相互評価

に真剣に向きあうよう促すうえでも有効でしょう。

留意点：相互評価の練習

　また、自己評価の際と同様に、学生による評価の質を高める工夫も必要です。評価の見本を見せたり、サンプルを用いた相互評価の練習を行ったりするようにしましょう（3.2.3. 参照）。

【事例から学ぶ】　政治学の論文作成ゼミナール

　「学生による自己評価」の際に例に挙げた論文作成ゼミでは、「学生による相互評価」も採り入れられています。二つの部から構成されるゼミの「第1部：良き読み手への道（第1回～第7回）」においては輪読が中心であり自己評価が導入されていますが、後半の「第2部：良き書き手への道（第8回～第13回）」においては、学生自身の研究が中心となります。具体的には、受講者は、自身の研究の問いや問いの意義、仮説、検証方法、含意について発表します。その際、ルーブリックを用いた相互評価の機会が設けられています。ルーブリックには問いや問いの意義、仮説、検証方法、含意それぞれの妥当性が評価観点として設けられているため、受講者はそうした観点から互いの研究発表の到達度を検討することになります。

　相互評価用ルーブリックには自由記述欄も設けており、研究の改善に向けた建設的な提案を書くように教員から促しています。攻撃的なコメントはもちろん迎合的なコメントも他者の研究の進展（ひいては科学の進歩）にはつながらないことから、「第1部：良き読み手への道」の輪読（ルーブリックを用いた自己評価）で培った、論文の要旨を正確に把握したうえで意義や課題を指摘する力をここで活かしてもらうことを教員としては意識しています。

　なお、最終的には研究発表を教員も評価します。また、相互評価によりメタ認知能力が向上し、ひいては自身の論文の質向上につながるという意義についても受講者に繰り返し伝えたうえで導入しています。

やってみよう！

　以下のポイントを参考にして相互評価を導入してみましょう。
　　□ 相互評価について学生の事前の了承を得た
　　□ 相互評価の意義を学生に説明した
　　□ 最終的には教員も評価することを学生に伝えた
　　□ 相互評価の練習の機会を設けた

3.4. 学生がつくる

3.4.1. 手順

　ここまではルーブリックを用いた評価に学生が関わる方法を述べてきました。ルーブリックの活用方法としては、他に作成段階から学生が関わるものもあります。評価に関わるよりも作成に関わる方が学生としてはハードルが高くなりますが、メリットとデメリット／留意点を意識して取り組めば、より大きな学習効果が期待できます。

　ルーブリック作成への学生の関わり方は、学生のレベル、かけられる時間、課題の目的等の兼ね合いによって、いくつかのバリエーションがあり得ます（スティーブンス他 2014: pp.38-39; バークレイ他 2020: pp.335-338）。ここでは、まずもっとも基本的な方法からみていきたいと思います。具体的な手順は、以下のとおりです。

① 教員がレポート、プレゼンテーション等の課題を学生に提示する
② 教員がルーブリックの構成や、ルーブリックを用いるメリット、デメリット／留意点を学生に伝える
③ 学生が評価観点となりそうなものを個人ワークやグループワークで挙げる
④ 学生が挙げた評価観点に過不足がないかを教員が解説する
⑤ 学生が評価尺度となりそうなものを個人ワークやグループワークで挙げる
⑥ 学生が挙げた評価尺度に過不足がないかを教員が解説する
⑦ 学生が評価基準となりそうなものを個人ワークやグループワークで挙げる
⑧ 学生が挙げた評価基準に過不足がないかを教員が解説する
⑨ 教員が最終的にルーブリックを完成させ、学生に提示する

　第2章でも述べられているように、評価観点、評価尺度、評価基準の順に定めていくとルーブリックをつくりやすくなります。学生がつくる場合にも、それは同様です。

　ここで重要なのは、評価観点、評価尺度、評価基準を一気に定めるよう学生に指示するのではなく、一つずつ教員による確認や解説（手順④⑥⑧）をはさんで、学生が段階を踏んで進めるように配慮することです。一気に進めてしまうと、途中で誤解が生じていても気づかずにそのまま進んでしまったり、個人間・グループ間の作業の質・進度に大きな差が生じてしまったりします。学生がルーブリックの作成に関わるというのは、学生にとって大きな学習効果が得られる分、大きな負担を伴うものでもあります。この点に配慮してワークの指示を出すことが教員には求められます。教員による確認・解説に際しては、①提案された評価観点や評価尺度、評価基準が満たされているにも関わらず、パフォーマンスをする人が深い理解を示していないことがあり得るか、②提案された評価観点や評価尺度、評価基準が満たされていないのに、それでもなおパフォーマンスをする人が理解を示していることがあり得るか、といった点を意識するのが良いでしょう（ウィギンズ、マクタイ 2012: p.223）。

　なお、繰り返しになりますが、上記はあくまでも基本形だということに注意してください。学生

のレベル、かけられる時間、課題の目的によっては、より簡易にすることも可能です。例えば、評価観点だけを学生が挙げて、後は教員が作成するといった方法があります。あるいは、教員がルーブリックを一通り全て作成した後で、学生に意見を求め、適宜学生の意見をとりいれることもできるでしょう。

　反対に、学生のレベル、かけられる時間、課題の目的によっては、より学生に委ねる（教員の関与を減らす）ことも可能です。例えば、学生が挙げた評価観点、評価尺度、評価基準について過不足がないかを学生同士で議論するといった方法があります。あるいは、ルーブリックの最終的な作成まで学生に任せることもできるでしょう。

　ルーブリックが完成した後は、「学生による自己評価」（3.2.）や「学生による相互評価」（3.3.）を行うことも可能です。学生のレベル、かけられる時間、課題の目的次第ですが、活用法を組み合わせることも適宜検討してみてください。

3.4.2.　メリット

　「学生による作成」には、学生や教員にとって次のようなメリットがあると考えられます。

学習の主体であるという実感をもてる

　まず、ルーブリックの作成自体に関わるため、自己評価や相互評価の際以上に、学生が学習の主体者であるという実感をもてるでしょう。学生からすれば、成果物作成の指針を自ら定めたうえで、成果物に取り組むことになります。

評価の観点や基準を更に深く理解できる

　また、ルーブリックの作成段階から実際に関わることで、ルーブリックについての説明を聞いているだけのときや評価に関わるだけのときに比べて、評価の観点や基準を更に深く理解できるようになることが期待できます。

メタ認知能力の向上を促す

　評価の観点や基準をより深く理解することによって、メタ認知能力の向上を促せるため、成果物におけるパフォーマンス向上にもつながります。

新たな評価観点に気づく

　「学生による作成」には、教員にとっても学生の発想によって新たな評価観点に気づき得るというメリットがあります。学生がワークで出してきた評価観点が教員の方では想定していなかったものであったとしても、課題を出す目的（課題を通して身につけて欲しい知識・技能・態度）に合致している場合には、採用することができます。その結果、より妥当なルーブリックの作成、ひいてはより効果的な学びにつながるでしょう。これは、学生にとってもメリットといえます。

3.4.3.　デメリットと留意点

　このように「学生による作成」には多くのメリットがありますが、デメリットもまたあります。ただし、デメリットについて予め対処することは十分に可能ですので、どのような点に留意して「学

生による作成」をとりいれるべきかを併せて確認していきましょう。

デメリット：時間がかかる・質が高くない

　ルーブリックの作成に時間がかかる可能性が高い点はデメリットとして把握しておく必要があります。また、学生がルーブリック自体に慣れていない段階では、学生が作成したルーブリックの質が十分高いものではない可能性があり、教員が結局かなり手を加える必要が生じるため、かえって作成に時間がかかる場合があります。

留意点：アドバイスを細目に入れる

　ただし、こうしたデメリットについては、予め対処することが十分に可能です。まず、作成の途上で教員からのアドバイスを細目に入れることで、ルーブリックの質を上げることができます。先述のように、評価観点、評価尺度、評価基準と段階を踏んで、１つずつ教員による確認や解説（手順④⑥⑧）をはさみながら進めることが有効でしょう。

留意点：学生の関与の度合いを調整する

　また、これも先述のように、全部の作成に学生が関与することが難しい場合には、部分的に関与するという形でも良いでしょう。学生のレベル、かけられる時間、課題の目的に応じて学生の関与の度合いを調整することが、教員には求められます。

【事例から学ぶ】　政治学の論文作成ゼミナール

　「学生による自己評価」や「学生による相互評価」の際に例に挙げた論文作成ゼミでは、自己評価や相互評価の後に「学生による作成」も採り入れられています。受講者は、学期末に論文を提出しますが、その提出時に付されるルーブリックの作成に学生自身が関わっています。

　具体的な手順としては次のとおりです。なお、ルーブリックの構成や利用時のメリット、デメリット／留意点に関する説明は、「学生による自己評価」や「学生による相互評価」の段階で行っているため割愛しています。

1．「第１部：良き読み手への道」の輪読において扱った専門家による３本の論文を念頭に置いて、輪読時に挙がった意義や課題をふまえて、評価観点を一人で考えた後、グループワーク（４人）でミニホワイトボードにまとめる。
2．評価観点に過不足がないかを教員が解説する。
3．輪読の経験をふまえて、評価尺度を一人で考えた後、グループワーク（４人）でミニホワイトボードにまとめる。
4．評価尺度に過不足がないかを教員が解説する。
5．輪読の経験をふまえて、評価基準を一人で考えた後、グループワーク（４人）でミニホワイトボードにまとめる。
6．評価基準に過不足がないかを教員が解説する。
7．教員が最終的にルーブリックを完成させ、学生に提示する。

8．学生はルーブリックを指針として論文を作成する

　2部構成の授業のなかで、難易度の低い自己評価、相互評価から順に段階を踏んで採り入れていく（受講者に徐々に慣れてもらえるようにする）ことを教員としては意識しています。その結果、作成途上で（1、3、5のグループワーク時に）教員からのアドバイスを細目に入れていけば、受講者が作成の全段階に関与できるようになりました。

やってみよう！

以下のポイントを参考にして「学生による作成」を導入してみましょう。

☐ ルーブリック作成の意義を学生に説明した

☐ 作成の途上で教員からのアドバイスを細目に入れた

☐ 学生のレベル、かけられる時間、課題の目的に応じ学生の関与の度合いを調整した

3.5.　複数教員が評価に使う

3.5.1.　手順

　オムニバス授業や、同一科目名の授業を異なる教員が担当する場合など、複数の教員で成果物を評価する際にも、評価の信頼性や妥当性は学生の学びを促すうえで重要です。担当教員ごとに評価の観点や基準が異なるということは、公平性の観点から避けなければなりません。もっとも、だからといって一人の教員が全ての成果物を評価するのは、効率性の観点から望ましくありません。

　こうした問題を解決するためには、共通のルーブリックを作成し、それに基づいて全担当教員が評価することが有効です。具体的な手順は、以下のとおりです。

① 授業の目的・目標を改めて確認する

② 評価の観点、基準、尺度について協議する

③ 協議に基づいてルーブリックを作成してみる

④ 作成したルーブリックを用いて学生の成果物の一部を各教員が評価してみる

⑤ 教員間で評価が分かれた点をふまえ、評価の観点、基準、尺度について改めて協議する

⑥ 協議に基づいてルーブリックを適宜修正する

⑦ ルーブリックを用いて学生の成果物を各教員が評価する

⑧ 評価結果を共有し、授業改善につなげる

　手順②の協議においては、「学生による作成」（3.4.）と同様に、評価観点、評価尺度、評価基準の順に段階を踏んで定めていくと進めやすいでしょう。また、ルーブリックには改善がつきもので

すので、手順⑤や⑥における見直しも重要です。

　そして、ルーブリックを用いた評価の目的が学生の学びを促すことにある以上、評価結果をふまえて次年度以降の授業改善について担当教員間で話しあう手順⑧もまた重要なプロセスです。

3.5.2. メリット

　「複数教員による評価」には、学生や教員にとって次のようなメリットがあると考えられます。まず、学生にとっては、第1章のルーブリック自体のメリットと同様のメリットがあります。すなわち、「達成目標が明確な課題に取り組むことができる」「なぜこの評価になったのかという理由が明確になる」「丁寧なフィードバックを受けることができる」「課題に取り組むガイドを得られる」といったものです（p.10 参照）。

評価方法に教員ごとのばらつきが出ない

　また、教員にとってのメリットとしては、評価方法に教員ごとのばらつきが出にくくなるということが挙げられます。信頼性や妥当性の高いルーブリックを作成できていれば、各教員が成果物を評価しても公平性が保たれるため、一人の教員（主担当教員）が全成果物を評価する必要はなくなります。

授業目的・目標を改めて共有する

　ルーブリックを作成していく過程にもメリットはあります。どのような評価観点や評価基準、評価尺度を設けるかについて担当教員間で話しあっていくなかで、自然と授業の目的・目標を改めて共有することになります。複数教員で授業を行う際に、全担当教員が授業の目的・目標を理解している必要があることはいうまでもありません。主担当教員から目的・目標を口頭や文書でただ伝えられる場合よりも、ルーブリック作成を通じて共有する場合の方が、理解が深まりやすいと考えられます。目的・目標を再確認する貴重な機会と意識してルーブリック作成に取り組むのが良いでしょう。

3.5.3. デメリットと留意点

　このように「複数教員による評価」には多くのメリットがありますが、デメリットもまたあります。ただし、デメリットについて予め対処することは十分に可能ですので、どのような点に留意して「複数教員による評価」をとりいれるべきかを併せて確認していきましょう。

デメリット：教員全員が協議して作成するには時間がかかる

　デメリットとしては、教員全員が協議をしながらルーブリックを作成すると時間がかかることが挙げられます。一人で作成する場合でも一定の時間がかかる以上、これは仕方のないことですが、多忙な教員にとっては導入への大きな障害となりかねません。

留意点：授業の目的・目標や評価のポイントについても共有する

　複数教員で用いるルーブリックは全員で協議して作成することが望ましいですが、時間の制約上困難な場合には、主担当教員のみが作成することも可能です。ただし、その場合にも、評価観点や

評価基準について作成者から他の教員へ十分に説明をすることで、全担当教員がただルーブリックを共有するだけではなく、授業の目的・目標や評価のポイントについても共有できるように意識することが重要です。

留意点：各教員が授業改善に活かす

　なお、ルーブリックを共有したからといって、各教員独自の工夫の余地がなくなるわけではありません。目的・目標と評価方法を共有したうえであれば、各教員がより良い授業実施に向けて様々な工夫を凝らすことはむしろ奨励されるでしょう（スティーブンス他 2014: p.54）。そうした工夫がどういった効果を生んだのかを授業終了後にルーブリックから検証し、担当教員間で共有できれば、より多くの授業が改善に向かうことも期待できます。

> **やってみよう！**
> 以下のポイントを参考にして「複数教員による評価」を導入してみましょう。
> ☐ 担当教員間で授業の目的・目標を共有した
> ☐ 担当教員間で評価のポイントを共有した
> ☐ ルーブリックで評価した結果を各教員が授業改善に活かした

参考文献

G・ウィギンズ、J・マクタイ著、西岡加名恵訳（2012）『理解をもたらすカリキュラム設計 ―「逆向き設計」の理論と方法 ―』日本標準

栗田佳代子・日本教育研究イノベーションセンター編著（2017）『インタラクティブ・ティーチング ― アクティブ・ラーニングを促す授業づくり ―』河合出版

ダネル・スティーブンス、アントニア・レビ著、佐藤浩章監訳、井上敏憲・俣野秀典訳（2014）『大学教員のためのルーブリック評価入門』玉川大学出版部

中島英博編著（2018）『学習評価』玉川大学出版部

西岡加名恵・石井英真・田中耕治編（2022）『新しい教育評価入門 ― 人を育てる評価のために ― 増補版』有斐閣

エリザベス・F・バークレイ、クレア・ハウエル・メジャー著、東京大学教養教育高度化機構アクティブラーニング部門・吉田塁監訳（2020）『学習評価ハンドブック ― アクティブラーニングを促す 50 の技法 ―』東京大学出版会

松下佳代（2007）『パフォーマンス評価 ― 子どもの思考と表現を評価する ―』日本標準

松下佳代・石井英真編（2016）『アクティブラーニングの評価』東信堂

Brown, S. & Glasner, A. (1999) *Assessment Matters in Higher Education: Choosing and Using Diverse Approaches,* McGraw-Hill Education.

Brown, G. A., Bull, J. and Pendlebury, M. (1997) *Assessing Student Learning in Higher*

Education, Routledge.

Kruger, J. and Dunning, D. (1999) "Unskilled and Unaware of It : How Difficulties in Recognizing One's Own Incompetence Lead to Inflated Self Assessments," *Journal of Personality and Social Psychology,* 77 (6) , pp.1121-1134.

3

ルーブリックを活用する

第4章 ルーブリック作成・改善のための対面講座

　本章では、少人数制の対面講座「インタラクティブ・ティーチング」アカデミー（以下、アカデミー）の実際の内容を詳細に紹介し、参加者がルーブリックを作成・改善した様子を見ていきます。評価についての研修を考えるうえで、参加者が「じぶんごとにする」ためのカリキュラムの一例として活用いただくため、研修設計の際の留意点や参加者の反応についても触れています。また、第5章で示されるルーブリックの事例は、このアカデミー参加者によるものであるため、事例がどのような場でつくられ、改善されたのか、研修に関する情報を提供します。

4.1. 対面講座の概要

4.1.1. 対面講座の基礎情報

　ルーブリックをテーマとした少人数の対面講座は、体系的な研修であるアカデミーの一部です。アカデミーはルーブリックの他、アクティブ・ラーニングやクラスデザイン、コースデザイン、模擬授業などで構成され、毎回、学校種や職種、専門を異にする約20名の参加者（大学・高校・中学校・小学校教職員や大学院生、企業研修担当者等）が集まります。

4.1.2. 対面講座の目的

　ルーブリックをテーマとする今回の対面講座では、「学習者の学びが深まるような評価をすることができるようになる」という目的が掲げられました。より具体的な到達目標としては、下記の4つです。また、アカデミーに通底する理念として、「ここでしかできないこと、ここだからできること」を掲げています。

対面講座における到達目標

① 評価の意義を説明できる（事前学習に対応）
② ルーブリックの改善を通して、評価の際に注意すべき観点を説明できる（1日目の内容に対応）
③ 学習者の学びを促すルーブリックを作成できる（1日目の内容に対応）
④ ルーブリックを自分の現場で用い、より良い活用に向けて改善する（2日目の内容に対応）

4.1.3. 対面講座の構成

　上記の目的・目標を達成するため、本講座では、一般的に行われている単発の研修と比べて、二つの点で構成に工夫を加えました。第一に、１日目の前に、動画や書籍を用いた「事前学習」の場を設けました。これにより、参加者は、授業設計に関する基本的な知識を共有した状態で講座１日目を迎えます。第二に、１日目と２日目との間を一か月ほどの期間を空け、「各人の教育現場での実践」の場を設けました。参加者には、１日目で学んだことを実践して２日目に報告することが求められました（図９）。

図９　対面講座の構成

　その場で知識を学んで終わりの「受けっぱなしの研修」ではなく、参加者が対面講座で学んだ知識を授業に実際に実装することを意識しました。これより、各プログラムの詳細について時系列に従って見ていきましょう。

4.2.　事前学習

4.2.1.　事前学習の必要性と難しさ

　授業における時間外学習、特に事前学習については、授業設計の一部として定着しつつあります。一方、FD プログラム[7]に事前学習をとりいれる試みは、それほど多くはありません。その理由としては、まず、研修が単発で実施されることが多く、その意図を参加者に正しく伝えにくいということが挙げられるでしょう。更には、研修参加者の参加意欲が多様であるため、事前課題を前提とした研修内容が機能しないというリスクを抱えるということもあります。

　しかし、時間が限られている研修だからこそ、事前学習の導入は必要あるいは有効であるとも考えられます。一人で学べる部分を事前学習とすることで、グループワーク等を通して学ぶべき部分を研修当日に集中的に扱うことができるためです。また、まさに「ここでしかできないこと、ここだからできること」に時間が使えます。事前学習にしておくことでじっくりと学ぶことも可能になります。このように、FD 研修への事前学習導入は、限られた時間に学習効果を上げるという点において有効な措置であると考えられます。しかしながら、その実効性の確保に課題があります。

　ここで参考になり得るのが、教える側と教わる側とが対面することのない環境下でなされるオンライン型 FD プログラムにおいて、学習を継続することができた要因についての分析（栗田・中村2017）です。「インタラクティブ・ティーチング」のオンライン講座では、授業改善に役立つといっ

7　FD プログラム：教員の資質向上を目的としたプログラム。授業方法や評価など、教育に関するものを指すことが多いが、研究室運営や研究費獲得、リーダーシップなども含まれる。

た「質の高さ」に加え、動画が 10-15 分程度の長さでトピックごとに細切れになっているといった「利便性」、そして、一人で学べることが特性のオンラインであっても「学習仲間の存在」が多く挙げられていました（表4）。対面講座に事前学習を導入するに際しては、上記の分析結果をふまえ、「利便性」と「学習仲間の存在」に配慮した設計にすることを意識しました。

表4　オンライン教材「インタラクティブ・ティーチング」の受講継続要因

大分類	小分類	例
質の高さ	有用さ（71）	「授業改善に役立った」等
	明快さ（69）	「知りたくなった」、「面白かった」、「飽きない」等
	興味深さ（8）	「講師の説明がわかりやすかった」等
適度な負担	適度な分量（7）	「課題の量が多過ぎない」等
	適度な難易度（2）	「クイズが難し過ぎない」等
利便性	内容に関する利便性（9）	「動画が細切れになっており短い」等
	形式に関する利便性（6）	「字幕、倍速視聴」等
修了までの明確な道程	成果の可視化（17）	「成績を棒グラフで確認できる」等
	目標の可視化（4）	「シラバスの目的・目標が明確」等
期日の存在	縛りがある（7）	「レポートの提出期限」等
	猶予がある（2）	「クイズの回答期限が2週間と余裕がある」等
インセンティブ	修了証（13）	「修了証が欲しい」
	動画のダウンロード権（3）	「修了して動画を DL できるようになりたい」
	リアル・セッション（6）	「修了してリアル・セッションに参加したい」
学習仲間の存在	オンライン講座でできた仲間（13）	「ディスカッションボード」、「レポートの相互採点」等
	以前からの仲間（17）	「友人と受講」、「同僚と受講」等
出演者への好感情	講師（6）	「講師が親しみやすい」等
	院生役（5）	「院生役がいることで臨場感がある」等

＊第3期（2015年）・第4期（2016年）対象の「オンライン・セッションを受講していただいたところまで受講を続けられた理由や、受講の支えとなった要因はありますか？思いつくことがありましたら、自由にご記入ください（任意回答）」との質問文への回答結果に基づく。
＊小分類の（　）内は回答数を表す。
＊網掛け部分は、対面講座の事前学習導入に際して参考にした点。

4.2.2.　事前学習の内容

　参加者全員には、以下の2つが事前学習として課されました。先述のとおり、4つの到達目標のうちの「評価の意義を説明できる」に対応するものです。

参加者に課された事前学習

①　動画「インタラクティブ・ティーチング」week 6「学びを促す評価」を視聴する

② 書籍『インタラクティブ・ティーチング ―アクティブ・ラーニングを促す授業づくり―』第6章「学びを促す評価」を読む

事前課題として視聴する動画は「利便性」を意識して細切れの教材とし、より詳細な情報について書籍で確認する形にしました。また、「学習仲間の存在」を意識して、事前学習の内容について実施者との間や参加者相互で意見交換ができる場としてグループウェアを活用し（図9）、事前課題にとりくむためのペースメーカー的役割やコミュニティ形成を目的としたファシリテーションを組み込みました。

図10　グループウェア（Slack[8]）を用いた事前学習のファシリテーション

4.3.　対面講座1日目

4.3.1.　1日目の概要

参加者は、事前学習を行いルーブリックの意義という共通理解を得て対面講座1日目に臨みました。その内容は、先述のとおり、4つの到達目標のうちの「ルーブリックの改善を通して、評価の際に注意すべき観点を説明できる」と「学習者の学びを促すルーブリックを作成できる」に対応するものでした。具体的には、以下の表5のようなスケジュールで実施しました。

表5　スケジュール

```
【講座1日目】
  9:00～ 9:15　趣旨説明
  9:15～ 9:30　事前学習の内容確認
  9:30～11:45　ルーブリック改善演習
 13:00～15:30　ルーブリック作成演習
 15:30～16:00　まとめ
```

まず、「趣旨説明」において、本日のプログラム全体の目的や構成、本イベントにおけるルール

8　Slack：ビジネスチャットツールとして開発されたものであるが、教育現場で導入される機会も出てきている。講師側からのみならず受講者側からの発信も可能であり、双方向的なコミュニケーションを促すことができる。また、チャンネルを自由に追加できるため、図10のように、配布資料については特定のチャンネルに一元化して所在をわかりやすくするといったことも可能である。

を確認した後、協力的な環境をつくることを目的に参加者同士の自己紹介を行いました。

　次に、「事前学習の復習」についてグループワークを交えて行うことで、知識の定着をはかりました。ここでは、形成的評価・総括的評価（栗田、2017: p.91）の意義、ルーブリックの基本構成、ルーブリックのメリットとデメリットを中心に改めて確認しました。

　そして、「ルーブリック改善演習」では、「サンプル」として参加者全員に配布されたルーブリック（事前学習段階で提出に応じていただいた参加者のもの）をもとに行いました。このサンプルについて信頼性・客観性（結果の再現性）、妥当性（評価方法の適切性）、効率性（評価の時間的・経済的な実用性）の観点から、評価観点が必要十分か、評価尺度の数が妥当か、評価基準が明確か、といった点について優れているところと改善の余地があるところとを指摘するグループワークを行いました。事前課題とその復習で得た知識を実践できるようになることに、その狙いがありました。また、サンプルの良い点や改善点の指摘を通して気づいた点を抽象化し、自分自身の授業における評価にどう活かすかを言語化することで、午後からの「ルーブリック作成演習」につなげる意図もありました。

グループワークによる参加者の学びあい

　午後の「ルーブリック作成演習」では、午前の改善演習で学んだポイントをふまえて、自身の授業で用いるルーブリック作成を行いました。まず、評価観点、評価尺度、評価基準について、授業の目的・目標との整合性を考慮しながら定めました。その後、個人での作成とグループでの意見交換を繰り返すことで、学習者の学びを促すようなルーブリックができているかを確認しました。

ペアワークによる参加者の学びあい

最後の「まとめ」では、本日学んだことや疑問に思ったことと、それをふまえて翌日以降に各人の現場にもち帰るものとを、グループワークや質疑応答を通して、確認しました。

事例から学ぶ　―ルーブリック改善演習―

　ここで、ルーブリック改善演習における「サンプル」を提供していただいた対面講座参加者のルーブリックを実際の流れにしたがって見ていきましょう。このサンプルは、5.2. 事例1（pp.54～62）の川上忠重先生による「機械工学ゼミナールI，II」の授業で用いられるものです。

(1)　クラスの背景

教育機関	大学
分野・専門領域	自然科学・燃焼工学
対象	大学3、4年
人数	18名
必修・選択	必修
授業形態	ゼミ、研究活動、研究生活
課題の種類	パフォーマンス，プレゼンテーション，レポート

(2)　課題

　課題はゼミでの活動を通して卒業研究に必要なコンピテンシーを身につけることでした。特に、課題発見・分析能力、課題完遂能力、情報発信スキル、論理的思考力、コミュニケーション力、スケジュール管理能力、チームワーク力およびチャレンジ精神を重視しました。

(3)　ルーブリックの狙い

　ゼミ配属から卒業論文の完成までの成長を振り返り、今後の課題を自覚してもらいたいと考えたため、ルーブリックを導入しました。そのため、身に着けるべきコンピテンシーとして何が必要であるかを把握しやすいものとすることを目指しました。

(4)　ルーブリック

　ルーブリック改善演習における「サンプル」として提出されたルーブリックは図11（p.56）にあります。上記のクラスの背景、課題、狙いをふまえて、実際のルーブリックを確認してみましょう。

作成時の留意点

①　評価観点

　卒業研究を遂行するにあたり必要と思われる以下の点を評価観点としました。計画実行、見直しなどの課題完遂能力、プレゼンテーション、論文執筆といった情報発信スキル、論理的思考力、研究テーマの課題発見能力、論文整理などの情報管理能力、スケジュール管

理能力、チャレンジ精神の7つです。

② 評価尺度

　学生がイメージしやすいように現行の成績評価基準である5段階評価とし、単位取得不可DからＤ→Ｃ→Ｂ→Ａ→Ａ＋という順に示しました。

③ 評価基準

　示された観点を学生がイメージしやすいように具体的な説明を注として挿入し、その説明に基づき、評価基準を記しました。特に社会から学生が評価されるプレゼンテーション能力については、3つの具体的な説明に基づいて評価基準を設定しました。また、複数回の自己チェックと教員の判定をより簡便に行えるように、チェック記入欄も設けました。

(5) ルーブリックの改善

　最初のルーブリックに対して、他の参加者からは、主に以下のようなコメントがありました。

　　① 評価観点が多過ぎるのではないか
　　② 評価観点が複数の内容を含んでいるところがあるので、細分化により明確化したほうがいいのではないか
　　③ 評価基準について、ゼミや卒業論文での到達目標をより明確に反映させた記述としたほうがいいのではないか

　上記のコメントをふまえて以下のように改善をはかりました。まず、①について、課題発見能力と情報管理能力を削除し、大区分を7つから5つに変更しました。②については、課題完遂能力の観点を「計画実行」、「検証・見直し」と細分化し、情報発信スキルの観点を「プレゼンテーション」、「論文執筆」と細分化しました。そして、③について、情報発信スキルの論文執筆の観点に関する評価基準を、ゼミや卒業論文の到達目標をふまえて、「論文背景」、「理論」、「結論および課題・問題点」に変更し、加えて挑戦（チャレンジ）的要素の評価基準の見直しました。改善されたルーブリックが図12（p.58）です。

4.4. 実践

4.4.1. 授業におけるルーブリックの使用

　FD プログラムは、授業改善に役立つ技法の紹介などの知識提供のみを行うものや、それに加えて研修時間内に演習を行うという形式が一般的です。本講座の参加者の場合は、1日目に評価について学び、ルーブリックの作成演習を行いました。講座で学ぶトピックは評価ですが、その最終目的が、学習者の学びを促すような授業改善にあることはいうまでもありません。

　ただし、研修で作成したルーブリックが、学習者の学びを促すうえで完全なものになっているとは限りません。そこで、実際に授業における利用結果をふまえた試行錯誤が必要となります。しかし、教員の業務が年々多忙を極めるなか、研修に進んで参加するような熱心な教員にとってさえ、このような改善の機会を研修の終了後に改めて自分で自発的につくることは極めて難しいのが実情です。

　このような状況の打破を目的に 3.1.3. で述べたように、本研修を2日間制とし、1日目の後に約一か月間の実践のための期間をおき、2日目として参加者が再び集まって実践に関する報告をする場を設けました。参加者からすれば、半ば強制的に実践と、それをふまえた試行錯誤の機会が与えられることになります。

> 　ここで、再び川上先生の「機械工学ゼミナールⅠ・Ⅱ」を例として、授業でのルーブリックの用い方について確認していきましょう。3年生の秋学期の12週目に、ルーブリックを配布し、次年度からの卒業論文に向けて現時点での能力の自己評価をしてもらいました。この自己評価を卒業論文着手前後で比較すると、特に、課題発見・分析能力、課題完遂能力および論理的思考力について向上が確認されました。プレゼンテーション能力については過少評価する学生も見受けられ、今後のゼミ中間発表、卒業論文発表会等での指導方法について検討する必要性を感じました。実践をふまえてのより具体的な気づきについては、次節で見ていきましょう。

4.5. 対面講座2日目

4.5.1. 2日目の概要

　各人の教育現場での実践を終えた参加者は、再び集まり、対面講座2日目に臨みました。その内容は、先述のとおり、4つの到達目標のうちの「ルーブリックを自分の現場で用い、より良い活用に向けて改善する」に対応するものでした。具体的には、表6のようなスケジュールで実施しました。

表6　スケジュール

【講座2日目】
14:00～14:10　趣旨説明
14:10～16:40　実践報告・改善案検討
16:40～17:00　まとめ

　まず、「趣旨説明」において、2日目の目的や構成の確認を含め、プログラム全体の目的やルールを改めて確認しました。

　「実践報告・改善案検討」では、4名前後のグループに分かれ、各人が1ヵ月の間で実践できた点、できなかった点やその理由、悩んでいる点について報告していただきました。その後、ルーブリックのさらなる改善案について、グループのメンバーで検討しました。「グループワークでの個々人の貢献を確認することが難しかった」、「学生が自己評価をする際に判断が難しい点があった」などの実践を経たからこその課題が共有され、解決案についても実践的なものが多く提示されました。

グループワークによる参加者の学びあい

　最後の「まとめ」では、2日間を通して学んだことや疑問に思ったことと、それをふまえて翌日以降に各人の現場にもち帰るものとを、グループワークや質疑応答を通して、改めて確認しました。

実践から学ぶ　― 実践を経て改善されたルーブリック ―

　ここで、再び対面講座参加者のルーブリックを実際に見ていきましょう。川上先生による「機械工学ゼミナール」の授業で用いられる、実践を経て改善されたルーブリックです（図13、pp.60～61参照）。

(1)　実践での気づき

　このような改善の背景には、実践してみたがゆえの3つの気づきがありました。

　第一に、実践を通じて、大区分の項目はやはり多い方が良いと考えるようになりました。

　ゼミ活動は、先行研究の調査、目的の洗い出し、具体的な実験およびシミュレーションの準備、理論解析、データとり、実験結果に対する考察等の多くの事項を含んでいます。それらを実施するにあたり、中間発表会、卒業論文発表審査会でのプレゼンテーションや

スケジュール管理も身につけてもらいたい能力です。これらはいずれも外せないと感じました。

　第二に、プレゼンテーション、スケジュール管理能力、チャレンジ精神といった観点について、より実際のゼミ活動を意識した評価基準とすべきであると気づきました。課題遂行能力のような定量評価の可能な評価基準については、具体的な数値をできるだけ記入する必要があるとも感じました。

　第三に、学生に自己評価をしてもらった際には、評価基準の違いを判断するのが難しい部分があると気づきました。より明確な評価尺度が必要であると考えるようになりました。そこで、評価尺度の段階数を減らすことにしました。

(2)　実践でうまくいかなかった点と改善案
　以上の気づきをふまえ、今後は、以下のような改善を検討しています。

実践をふまえた改善策

① 評価観点の大区分を5項目から8項目、小区分を9項目から14項目に変更
② 評価基準について、プレゼンテーションの記述、スケジュール管理能力の記述、チャレンジ精神の記述を変更。課題完遂能力の定量数値を追加
③ 評価尺度を5段階評価から3段階評価に変更

---

(3)　ルーブリックへの感想
　対面講座と実践での作成・改善を経て、川上先生は、研究室生活や研究もルーブリックで評価することが可能であり、その評価観点は多岐にわたると感じています。また、上記でみたように、ルーブリックの利用が授業改善のきっかけになるとも考えています。

4.6. 対面講座参加者の反応

4.6.1. 対面講座全体への反応

　本章の最後に、この対面講座について、参加者の反応をふまえて成果や今後の課題を検討していきます。評価についての研修の機会を設ける場合の参考にしていただければ幸いです。

　ルーブリックについての2日間にわたる対面講座は、2018年度と2019年度に一度ずつ実施してきましたが、あわせて大学・高専教職員19名、大学院生・ポスドク3名、高校・中学校教職員6名、小学校教職員1名、専門学校等教職員4名、民間企業2名の計35名の方々にご参加いただくことができました。満足度について5段階評価（際立って良かった、大変良かった、良かった、まあまあ、良くなかった）で尋ねた質問紙調査（匿名・任意／回収率100.0%）では、62.9%の方が最高評価の「際立って良かった」、28.6%の方が次点の「大変良かった」、8.6%の方が中間の「良かった」と回答されました。

　対面講座に参加したことで今後の実践は変わりそうかについて、5段階評価（大きく変わると思う、変わると思う、あまり変わらないと思う、全く変わらないと思う、わからない）で尋ねた質問紙調査（匿名・任意／回収率100.0%）では、48.6%の方が最高評価の「大きく変わると思う」、51.4%の方が次点の「変わると思う」との回答でした。

　アンケートの自由記述欄には、以下のような感想が寄せられました。

> 「実践の機会があることによって、実体験を通じて記憶に残り、次のステップへと進みたいというモチベーションにもつながった」（大学教員）
> 「実践して二日目に報告をしなければならないため、忙しくても頑張ってやらなければとなる」（高校教員）
> 「様々な属性の参加者や講師からコメントをもらえたので、自分の立ち位置からばかり考えていた内容を客観的にとらえることができた」（大学教員）

4.6.2. 事前学習への反応

　事前課題のとりくみやすさについて5段階評価（大変とりくみやすい、とりくみやすい、可もなく不可もなく、とりくみにくい、大変とりくみにくい）で尋ねた質問紙調査（匿名・任意／回収率100.0%）では、51.4%の方が最高評価の「大変とりくみやすい」、同じく45.7%の方が次点の「とりくみやすい」、2.9%の方が中間の「可もなく不可もなく」との回答でした。

　各回答の理由について尋ねた自由記述欄の内容を分類すると、「実施者からの定期的な情報提供（ペースメーカー）」、「適度な分量」、「動画が細切れ」といった回答が多くみられました。実施側としては、所期の目的は、一定程度達成されたと考えています。

　一方、「当日の内容との関係性」が明示されており動機づけになったとする回答がある一方で、より明確にして欲しかったとする回答もあり、改善の余地が残されています。また、「学習仲間の存在」に関しては、実施者との間のみならず、参加者相互でも事前学習について意見交換がなされ

るよう促すことが今後の課題と考えています。

4.6.3. 実践報告への反応

1日目と2日目との間に一か月間を空け、実践の機会を設けたことについて5段階評価（大変効果が大きい、効果が大きい、わからない、あまり効果がない、全く効果がない）で尋ねた質問紙調査（匿名・任意／回収率100.0%）では、51.4%の方が最高評価の「大変効果が大きい」が、37.1%の方が次点の「効果が大きい」、11.4%の方が中間の「わからない」と回答されました。

各回答の理由について尋ねた自由記述欄の内容を分類すると、「実践への動機づけになる」、「実践見直しへの動機づけになる」、「実践報告の際に参加者からフィードバックを得られる」、「実践をすることで学習者からフィードバックを得られる」といった回答が多くみられました。実践報告導入についても、所期の目的は、一定程度達成されたといえます。

一方、「グループのメンバーを同じ属性にして欲しい」といった回答もありました。多様な校種・専門科目の教員が集うがゆえに、上記の肯定的評価につながっている面があるとも考えられるため、慎重に検討する必要があります。また、「実践報告までの期間が短い」との回答や、逆に「実践報告までの期間が長い」との回答もあり、検討の余地が残されています。これらの点をふまえつつ、参加者の行動変容をより長期的にフォローすることが、対面講座設計・実施に際しての今後の課題と考えています。

4.6.4. おわりに

参加者の反応からも総じて今回の研修の評価は高かったことがうかがえました。事前課題が課され、実践をはさむ2日間にわたる研修は、一人で学んだ知識や技術を更に学習者相互に深め、それを実践して、更に振り返るプロセスを組み込んだ構成となっています。これは、研修に限らず、個人でルーブリックを実際に活用していくうえでの流れとしても有効です。学んだことを「じぶんごとにする」研修のあり方あるいは活用のプロセスとして参考になれば幸いです。

参考文献

栗田佳代子・中村長史（2017）オンライン型FDプログラムの学習継続要因の分析，第23回大学教育研究フォーラム、74-75、2017.3.19-20、京都大学

栗田佳代子・日本教育研究イノベーションセンター編著（2017）『インタラクティブ・ティーチング　―アクティブ・ラーニングを促す授業づくり―』河合出版

第5章 ルーブリックの事例をみる

5.1. 各事例の構成とみかた

　本章は、以下のような構成で示されています。

　ルーブリックがどの教育機関、分野、専門領域、どのような科目、対象とされて行われた授業で用いられたのか。その授業がどれほどの受講者数で、授業形態は選択／必修のどれか、ゼミ、座学、実習か。そして、レポートやプレゼンテーション、ディスカッションなどの課題の種類を紹介する事例の一覧から始まります。そして、そのルーブリックがどのようにつくられたのか、使われるルーブリックはどのようなものなのか。という、作成過程やルーブリックをつくっての感想などを紹介しています。

　第1章から第4章まで紹介したルーブリックの作成方法を参考につくられたものを紹介します。それぞれの事例の特徴は表7に一覧でまとめられています。更に、それぞれの事例における説明は以下のような構成で示されています。

　基本情報を見て読者の皆さんご自身の教えている授業の課題から検索するかのように確認するのもいいですし、作成者の皆さんの工夫を見るという意味でも全ての事例のルーブリックのみに目を通すという使い方もあります。ご自身の目的にあわせてご利用ください。

表7　事例の一覧

事例	教育機関	科目名	対象	人数	必修・選択	授業形態	課題の種類
1	大学	機械工学ゼミナールⅠ、Ⅱ	大学3、4年	18	必修	ゼミ	パフォーマンス、プレゼンテーション、レポート
2	大学	英語B	大学1年	約40	必修選択	座学、実習	グループワーク（ディスカッション）
3	大学	図書館概論	-	-	選択	座学	レポート
4	大学	教養教育：実践知 感性（芸術）「アートはあなたを映す鏡―見て、考えて、対話する―」	大学全学年	17	選択	座学、実習	パフォーマンス（ファシリテーション）
5	大学	入門観光学実習Ⅳ	大学1年	15	選択	自習	プレゼンテーション
6	高等専門学校	化学概論	高専4年	-	-	-	レポート
7	高等学校	地理A	高校3年	16	必修選択	座学	プレゼンテーション
8	高等学校	生物基礎	高校1年	合計240	必修	座学	その他（1枚ポートフォリオ）

5.2. 事例1 ゼミで使うルーブリック「機械工学ゼミナールⅠ、Ⅱ」

このクラスの基本情報

教育機関	大学
分野・専門領域	自然科学・燃焼工学
対象	大学3、4年
人数	18名
必修・選択	必修
授業形態	ゼミ、研究活動、研究生活
課題の種類	パフォーマンス、プレゼンテーション、レポート

5.2.1. 基本情報

　法政大学に所属され、燃焼工学が専門の川上忠重先生は、「機械工学ゼミナールⅠ、Ⅱ」のルーブリックを改善するという課題をもっていました。この「機械工学ゼミナールⅠ、Ⅱ」は、18名の大学3、4年に対して一連のゼミや研究活動を評価します。具体的にはゼミ発表や研究生活のパフォーマンス、プレゼンテーション、レポートを評価します。これらの研究室生活及び、ゼミでの振る舞いに対してどのように考え、どのようなルーブリックをつくられたのでしょうか。詳細を見ていきましょう。

　以下は川上先生ご自身による記述です。

5.2.2. 課題

　自然科学系の卒業研究に必要な能力に、特に課題発見・分析能力、課題完遂能力、情報発信スキル、論理的思考力、コミュニケーション力、スケジュール管理能力、チームワーク力およびチャレンジ精神が挙げられます。私はこれらに着目し、機械工学ゼミナールⅠ、Ⅱおよび卒業研究を通したゼミ活動での身に着けるべきコンピテンシーを評価するため、課題を提示しました。

5.2.3. ルーブリックの狙い

　3年生対象の機械工学ゼミナールⅠでは、卒業論文の作成に際して必要な専門知識の重要性を十分理解したうえで、身に着けるべきコンピテンシーとして何が必要であるかということを理解することを目標としました。卒業論文に着手する前の現状をできるだけわかりやすく把握でき、また、卒業論文の完成時には、各コンピテンシーの向上ができるだけ把握できるように文言を工夫しました。ゼミ配属から卒業論文完成までの自己成長を含めた総合的な評価を、ルーブリックを用いて確認することにより、ゼミでの振り返りと今後の課題を学生が自ら認識することが、このルーブリックの目的です。

5.2.4. 最初に作成したルーブリックについて

最初に作成したルーブリックを図 11 に示します。

(1) 作成時の留意点

1) 評価観点

卒業研究を遂行するにあたり指導教官の立場から必要と思われる能力である計画実行、見直しなどの①課題完遂能力と、プレゼンテーション、論文執筆といった②情報発信スキル、③論理的思考力、論文のための目標である研究テーマの④課題発見能力、論文整理などの⑤情報管理能力、⑥スケジュール管理能力、⑦チャレンジ精神を評価観点としました。

2) 評価尺度

学生がイメージしやすいように現行の成績評価基準である 5 段階評価とし[9]、単位取得不可 D から最高評価 A+ と設定しました。更に中間の評価を設定し、D → C → B → A → A+ という順に示すことにより、下位から上位評価基準との比較が明確に示せるものとしました。

3) 評価基準

研究室の学生が示された観点を明確に理解できるように具体的な観点の説明を注釈として挿入し、その具体的な観点の説明に基づき、評価基準の記述を具体的な行動規範を記述しました。特に社会に出てからも重要視されるプレゼンテーション能力については、3 つの観点説明から評価基準を設定しました。また、複数回の自己チェックと教員の判定をより簡便に行えるように、チェック記入欄も設けています。

---

9 2021 年 8 月時点では 11 段階評価

理系ゼミでのコンピテンシーを評価するルーブリック（最初）

大区分	観点	観点の説明 ※観点ごとに、その内容を説明する。	評価基準				
			1 ※D（単位取得不可）に該当する評価基準を示す	2 ※C（単位取得基準）に該当する評価基準を示す	3 ※Bに該当する評価基準を示す	4 ※Aに該当する評価基準を示す	5 ※A+に該当する評価基準を示す
課題完遂能力	業務完遂能力（計画実行）	目的と目標を設定し、順序立てて計画を確実に実行できる。	場当たり的な行動をしたり、目的や目標を設定して計画を立てていても、計画倒れで実行イメージが伴わない	目的と目標を設定し、計画を立ててそれを実行できる	目的と目標を設定し、計画を立て、その計画通りに実行できる	適切な目的と目標を設定した上で複数のなかから目的に応じた方法を選択し、計画を立てて実行できる	適切な目的と目標を設定した上で複数のなかから最善の方法を選択でき、計画を立てて実行できる
情報発信スキル	論文執筆	文章力、構成力、論理展開力を十分に有している	文章を書けていない（箇条書きなど）。問題意識から結論に至るまでの論理展開が不明である。	論文としては稚拙な言葉づかいだが、文章を書けている。論文の構成にやや難がある。	論文として正しい言葉づかいができている。論文の構成にやや難がある。	論文として正しい言葉づかいができている。論文の構成もおおむねできている。結論を論理的に示せていない。	論文として正しい言葉づかいができている。問題意識の設定、調査内容から得た結論までを論理的に書けている。結論を説得的に記述できている。
論理的思考力	論理的思考力	複雑な事象の本質を整理し、自分の意見や手順の構造化や論理的な展開ができる	課題に関連する事象・情報を整理し、構造化ができない	課題に関連する事象・情報を整理し、構造化ができる	課題に関連する事象・情報を構造化して、自分の意見や手順を論理的に展開できる	課題に関連する事象・情報を整理して理論化でき、他者を納得させることができる意見や手順を論理的に展開できる	課題に関連する事象・情報を整理して理論化でき、他者を納得させることができる意見や手順を論理的に展開できる
課題発見能力	研究内容の構成	自らの研究内容について、その背景や手法等を論理立てて構成できる	背景の説明が十分ではなく、仮定と問題の記述、提案手法、実験手法、構成が論理だっており、説明力に欠ける	背景の説明が十分ではなく、仮定と問題の記述、提案手法、実験手法などの構成が不十分であり、説明力に欠ける	背景の説明、仮定と問題の記述、提案手法、実験手法、構成が論理だってできている。	背景の説明、仮定と問題の記述、提案手法、実験手法などの構成が論理だってできておりわかりやすく説明力がある。	背景の説明、仮定と問題の記述、提案手法、実験手法などの構成が論理だってできておりわかりやすく説明力がある。
情報管理能力	情報整理	研究に関する情報を使用可能な状態で適切に管理している	研究テーマに関する情報を整理できていないため、疑問に対する回答ができない。	研究テーマに関する情報整理はできているが、疑問に対する回答が不十分である。	研究テーマに関する情報整理はできており、疑問に対しても回答することができる。	研究テーマに関する情報整理はできており、多角的な疑問に対しても適切に回答することができる。	研究テーマに関する情報整理はできており、多角的な疑問に対しても適切に回答することができる。
スケジュール管理能力	（作業の）スケジュール管理能力	課題を解決するための作業スケジュールを適切に管理できる	スケジュールの管理ができず、締め切りや発表日の直前に取り組むので、締め切りに間に合わない	スケジュールの管理ができず、成り行き任せで、なんとか間に合わせている	締め切りや発表日までに計画的に作業を進めることができるが、もっと時間があればよりいいものができるのにと妥協してしまう	計画的に作業を進め、満足のいく成果物をつくることができる	計画的に作業を進め、早めに成果物を作り上げて、さらに完成度を高めることができる
チャレンジ精神	挑戦（チャレンジ）の要素	意欲、行動力、PDCAサイクルを意識できる	何事にも挑戦しようという気持ちがない	何かに挑戦しようという気概がある。	目標を設定し、新しいことに挑戦する。	高い目標に向かって新しいことに取り組む行動力がある。	挑戦することでぶつかる困難に試行錯誤しながら立ち向かい、自己成長につなげている。

※ご自身のゼミの状況に合わせて、適宜カスタマイズしてご利用ください。

図11　自然科学系ゼミ活動でのコンピテンシーを評価するルーブリック　Ver. 1

　Ver.1 のルーブリック（図11）で以下のようなフィードバックをいただきました。

> ・ゼミ活動のコンピテンシーを評価するうえで、できるだけ精査した評価観点としたほうがいい
> ・観点の内容が複数の評価観点を含んでいる場合は、細分化により明確化したほうがいい
> ・各観点の具体的な評価基準について、ゼミや卒業論文での到達目標をより明確に反映させた記述としたほうがいい

　それをふまえて、以下のように改善しました。改善されたルーブリックを図12に示します。
　まず、課題発見能力と情報管理能力を削除し、大区分を 7 項目から 5 項目に変更しました。更に、課題完遂能力の観点に「検証・見直し」、情報発信スキルにプレゼンテーション観点、課題解決能力の観点を追加しました。そして、情報発信スキルの論文執筆の観点に関する評価基準を、「論文の文章」や「言葉づかいの評価基準」から論文背景、理論、結論および課題・問題点に変更しました。そして、プレゼンテーションおよび研究テーマ（論文のための目標）の観点の評価基準を追加し、挑戦（チャレンジ）的要素の評価基準の見直しを行いました。

5

ルーブリックの事例をみる

理系ゼミ活動でのコンピテンシーを評価するルーブリック（改善）

大区分	観点	観点の説明 ※観点ごとに、その内容を説明する。	評価基準				
			1 ※D（単位取得不可）に該当する評価基準を示す	2 ※C（単位取得基準）に該当する評価基準を示す	3 ※Bに該当する評価基準を示す	4 ※Aに該当する評価基準を示す	5 ※A+に該当する評価基準を示す
課題完遂能力 〔大区分数 7→5に変更〕	計画実行 〔観点・評価基準変更〕	目的と目標を設定し、順序立てて計画に反映して確実に実行できる。	場当たり的な行動をしたり、目的と目標を設定して計画を立てていても、計画倒れで実行イメージが伴わない	目的と目標を設定し、計画を立ててそれを実行できる 〔評価基準変更〕	目的と目標を設定し、計画を立て、その計画通りに実行できる 〔評価基準変更〕	適切な目標を設定した上で複数のなかから目的に応じた方法を選択し、計画を立て実行できる 〔評価基準変更〕	適切な目標を設定した上で複数のなかから最善の方法を選択でき、計画を立て実行できる
	検証・見直し	正しく評価・計画の見直しを行い、次期計画へ適切に反映できる	結果を検証できない	結果を基準に照らし合わせて正しく評価できる	結果を適切な基準に照らし合わせて正しく評価し、計画の見直しができる 〔評価基準変更〕	結果を適切な基準に照らし合わせて正しく評価し、計画の見直しや次期計画へ反映できる 〔評価基準変更〕	結果を適切な基準に照らし合わせて正しく評価し、計画の見直しや次期計画へ適切に反映できる
情報発信・スキル	プレゼンテーション・スライド 〔観点変更〕	声の大きさ・抑揚が適切で〔評価基準変更〕、アイコンタクト・表情・ジェスチャーが適切に行える、スライド資料が適切に作成できる	終始、声が小さく、聞き取りづらい。	発表途中で、声が小さくなりづらいことがある。	終始、聞き取りやすい大きさの声で話せている。	聞き取りやすい大きさの声で、抑揚をつけた話し方と、間の使い方に工夫するように心がけている。	聞き取りやすい大きさの声で、適度な抑揚と間のある話し方をしている。その結果、聴衆の興味を惹きつけられて手ごたえがある。
			聴衆の方を見ず、手元の原稿や発表スライドを見てばかりいる。	聴衆にも目を配るが、気が付くと手元発表スライドの方を向いてしまうことが多い。	聴衆の表情を確認しながら話せている。	聴衆の表情を確認しながら、目・口角の動き（笑顔、真顔、思案顔）と、ジェスチャーに工夫ができる。	発表中、聴衆の反応を受け止めることができている。効果的なジェスチャーを行って、聴衆の興味を惹きつけられて手ごたえがある。
			スライド資料の文字が小さい、図表などが少ないなど、聴衆にとってわかりにくい。	文字の大きさは十分だが、図表やグラフが少なく、聴衆にとってわかりにくい。	文字の大きさも十分で、図表やグラフも使っており、スライド資料の順番も問題ない。	文字の大きさや図表の使い方は十分だが、情報が多過ぎる、あるいは少なすぎる。	発表内容に照らし合ってスライド資料を作れている。その結果、聴衆に内容がよく伝わって手ごたえがある。
	論文執筆 〔大区分追加〕 〔観点・評価基準変更〕	論文の論理展開力を十分に行うことができる	問題意識から結論に至るまでの論理展開が不明瞭である。	論文の研究背景を明確に記述することができる 〔評価基準変更〕	論文の研究背景および参考文献を用いて明確に記述することができる 〔評価基準変更〕	論文の結論にいたるまでの結果及び考察を明確に記述することができる。 〔評価基準変更〕	論文の結論から次の課題・問題点を記述することができる 〔評価基準変更〕
課題解決能力		社会的意義や現実で可能性他から論理立てて課題を設定し、適切なデータを設定できる	与えられた研究データ・テーマに対し、論理立てて問題を整理できていない	与えられた研究データ・テーマに対し、論理立てて問題を整理することができる	与えられた研究データ・テーマに対し、論理立てて問題を整理し、モデル化ができる	与えられた研究データ・テーマに対し、論理立てて問題を整理しモデル化を行い、そのモデルの検証ができる	与えられた研究データ・テーマに対し、論理立てて問題を整理しモデル化を行い、そのモデルの検証を元に解決の方法を提案できる
スケジュール（作業）管理能力		課題を解決するための作業スケジュールを適切に管理できる	スケジュールの管理ができず、締め切りや発表当日の直前に取り組むので、締め切りに間に合わない 〔評価基準変更〕	スケジュールの管理ができず、成り行きに任せて、なんとか間に合わせている	締め切りや発表日までに計画的に作業を進めることができるが、もっと時間があればよりよいものができるのにと反省している	計画的に作業を進め、満足のいく成果物をつくることができる 〔評価基準変更〕	計画的に作業を進め、早めに成果物を作り上げて、さらに完成度を高めることができる
チャレンジ精神		挑戦（チャレンジ）的要素 意欲、行動力、PDCAサイクルを意識できる	課題や課題解決に向けた新しいアイデアや行動が提案できない	課題解決に向けたアイデアを中間発表で提案できる	課題解決に向けたアイデアを研究計画として立案することができる 〔評価基準変更〕	新しく立案された研究計画を行うことができる 〔評価基準変更〕	実行された研究内容の結果の考察により、次のステップの提案を計画することができる 〔評価基準変更〕

図12 自然科学系ゼミ活動でのコンピテンシーを評価するルーブリック Ver. 2

※ご自身のゼミの状況に合わせて、適宜カスタマイズしてご利用ください。

5.2.5. 実践を経ての気づきと改善

⑴ 評価の実施方法と評価の結果

　1) 実施方法

　2016 年度 3 年生の秋学期プレゼミの 12 週目に、ルーブリックを配布し（全項目版：12 大区分 法政大学 FD 推進センター版）、次年度からの卒業論文に向けて「身につけたい能力」とその能力に対する現在の「自己評価」について、該当する自己評価欄への記入（○）を 20 分程度の時間内で実施しました。回収後、提出されたルーブリックの大区分で学生が重要と思っている区分を紹介し、ゼミ内での共通評価項目として何が重要かについて検討しました。違う年度では同一ゼミ生に対して、前年度の受講前の実践および今回のアカデミーを経て改善したルーブリックを卒業論文提出直前（秋学期の 12 週目）に実施しました。

　2) ルーブリックで評価をして気づいたこと

　学生に配布したルーブリックは、観点・評価基準が異なっている部分があります。しかし大区分のなかで卒業研究着手前にゼミや卒業研究を通して重要との意見が共通して多かった項目は、課題発見・分析能力、課題完遂能力、論理的思考力、情報管理能力、コミュニケーション力、スケジュール管理能力でした。コミュニケーション力を重要と考えていない学生も多く、最初に作成したルーブリックへの大区分にも入れないこととしました。一方、卒業論文着手前後の自己評価を比較すると、特に、課題発見・分析能力、課題完遂能力および論理的思考力の自己評価の向上が確認され、ゼミ活動の効果も一部、ルーブリックにより確認することができました。一方、卒業論文発表審査会の前ではありますが、プレゼンテーション能力を自分で過少評価する学生も見受けられ、今後のゼミ中間発表、卒業論文発表会等での指導方法について検討する必要性もルーブリックにより確認されました。

　大区分を絞り込んだことより、学生が自己評価すべき大区分および観点が一部不明瞭になったため、再検討することとしました。また、現成績評価基準をもとに評価基準を 5 段階としましたが、定量評価が学生の自己判断では厳しい観点もあり、大区分、観点および評価基準を見直すこととしました。

⑵ それぞれの項目における気づき、改善点

> ・大区分の削除により、一部必要な評価観点が卒業研究だけでなく、ゼミ活動を含めた部分も記述も必要である。
> ・学生の自己評価では、評価基準の明確な差異を自己判断するのが困難な部分もあり、より明確な評価尺度が必要である。
> ・課題完遂能力、プレゼンテーション、チャレンジ精神について、より実際のゼミ活動を意識した評価基準とすべきである。
> ・定量評価の可能な評価基準については、具体的な数値をできるだけ記入する必要がある。

　このような気づきから、大区分を 5 項目から 8 項目に、観点を 9 項目から 14 項目に、尺度を 5 段階評価から 3 段階評価に変更しました。更に、課題完遂能力の定量数値を追加して、プレゼンテー

ションの記述、スケジュール管理能力の記述、チャレンジ精神の記述を変更しました。

実践を経て改善したルーブリックが図13です。

理系ゼミ活動でのコンピテンシーを評価するルーブリック（実践）

大区分	観点	評価基準5→3段階に変更 Cに該当する評価基準	Bに該当する評価基準	Aに該当の評価基準
大区分数5→8に変更 課題発見・分析能力 大区分追加	研究テーマ（発表のための目標）の	与えられた研究テーマに対し、意義や背景を他者に説明できるが、質問に対しての回答の50%以上が的確ではない。	与えられた研究テーマに対し、意義や背景を他者に説明できるが、質問に対しての回答の30%程度が的確でない。	与えられた研究テーマに対し、意義や背景を他者に分かりやすく説明し、質問に対して80%以上的確に回答できる。
	課題分析	課題の本質や関連情報の因果関係を理解し、そこから本質を見出そうと努力している。	課題の本質や関連情報の関係を理解し、そこから本質の骨子の一部を分析することができる。	課題の関連情報の因果関係を理解し、かつ、本質を見出した上で、解決の方向性を提案することができる。
課題完遂能力	研究（課題）への貢献度（自己評価）	評価基準変更 自分が行える努力の60%は実行した。	評価基準変更 自分が行える努力の70%は実行した。	評価基準変更 自分が行える努力の80%以上は実行した。
	検証・見直し	評価基準変更 結果を基準に照らし合わせて、60%程度正しく評価できる。	評価基準変更 結果を適切な基準に照らし合わせて70%程度正しく評価し、計画の見直しができる。	評価基準変更 結果を適切な基準に照らし合わせて80%以上正しく評価し、計画の見直しや次期計画へ反映できる。
情報発信・スキル	プレゼンテーション	評価基準変更 発表途中で、声が小さく、聞き取りづらいことがある。	評価基準変更 終始、聞き取りやすい大きさの声で話せている。	評価基準変更 聞き取りやすい大きさの声で、抑揚をつけた話し方や、間の使い方を工夫しようと心がけている。
		評価基準変更 手元資料やPCの方を向いてしまうことが多い。	評価基準変更 聴衆の反応を確認しながら、内容について一部話すことができる。	評価基準変更 聴衆の反応を確認しながら、言葉の抑揚、図の示し方やジェスチャーに工夫ができる。
		評価基準変更 図表やグラフおよびその説明が少なくもしくは多すぎて、内容についての把握が一部困難である。	評価基準変更 図表やグラフもプレゼンテーション時間に合わせて適切に挿入されており、内容について70%以上理解することができる。	評価基準変更 図表やグラフも内容に合わせてわかり易く＆見やすく構成されており、内容について80%以上理解することができる。

大区分追加 論理的 思考力	論理的思考	課題に関連する事象・情報を整理し、構造化ができる		課題に関連する事象・情報を整理して理論的に構造化でき、考察や問題点を論理的に展開できる。		課題に関連する事象・情報を整理して理論的に構造化でき、考察や問題点および次の課題について提案することができる。
	専門知識の活用・応用能力	専門的な知識の獲得・修得に取り組んでいるが、説明できるレベルではない。		専門的な知識について、基本は理解しており、説明できる。		応用的な課題について専門的な知識を用いて説明できる。
大区分追加 コミュニ ケーション 力	ディスカッション	発言はあまりせず、また、議論の流れが把握できず、議論を進めるような発言ができない。		発言はするが、自分の意見ばかり主張しがちであるか、あるいは、周囲の意見に同意することが多い。		自分の意見だけではなく、周囲に意見を求めることができる。議論を収束させ、結論を出すことに貢献している。
	批判する	情報や人の意見が正しいか自分の主観だけで発言している。		常にエビデンス基づく客観的な判断を意識しながら物事を考察することができる。		自分の判断思考が偏っていないか内省し、肯定する部分も導くことができる。
	コミュニケーション	自ら話しかけることはないが、相手から話しかけられれば、話をすることはできる。ゼミ生との話し合いでは時々支障がでるが、大きな問題はない。		自ら相手に話しかけたり、相手から話しかけられたりとゼミ生との信頼関係を築く努力をしている。そのため、ゼミ生との話し合いは問題なく行っている。		自ら相手に話しかけたり、相手からもよく話しかけられるなど、ゼミ生との信頼関係はしっかりと築けている。そのため、ゼミ生との関係性は良好である。
スケジュール 管理能力	（作業の） スケジュール 管理	**評価基準変更** スケジュールの管理ができず、また、内容に関する検討が不十分であり、成り行き任せで、なんとか間に合わせている。		**評価基準変更** 締め切りや発表日までに計画的に作業を進めることができるが、一部、不十分な内容が含まれている。		**評価基準変更** 計画的に作業を進め、満足のいく成果物を完成させることができる。
大区分追加 チーム ワーク力	ゼミ運営 （主体性）	ゼミ運営には基本的に関わっていないが、ゼミには参加はしている。		ゼミ運営の役割担当分については、主体的に行っている。		ゼミ運営のリーダー的存在であり、積極的に関わり、提案も行っている。
	責任	指示されたことは、指導教員のサポート下で期限までに実行することができる。		指示されたことは、指導教員のサポートがなくても期限までに実行することができる。		指示されたことの内容を正確に把握し、自ら高い意識を持って、より高いレベルまで実行することができる。
チャレンジ 精神	挑戦 （チャレンジ） 的要素	**評価基準変更** 研究課題等に対してに新しい工夫を共同研究者もしくは指導教員に提案することができる。		**評価基準変更** 提案した新しい工夫に対して、結果が得られるまで実行することができる。		**評価基準変更** 得られた結果に対して、さらに高い目標に向かって新しい提案をする行動力がある。

図 13　理系ゼミ活動でのコンピテンシーを評価するルーブリック　Ver. 3

5.2.6. 最後に

　自然科学系のゼミ活動では、最終的には卒業論文に向けた、先行研究の調査、目的の洗い出し、具体的な実験およびシミュレーションの準備、理論解析、データとり、実験結果に対する考察等の多くの事項を含んでいます。それらを実施するにあたり、中間発表会、卒業論文発表審査会でのプレゼンテーションやスケジュール管理も身につけてもらいたい能力です。したがって、結果的には大区分の項目が実践をふまえてかなり増えてしまったことは反省すべきで、今後、さらなる実践をふまえながら検討する必要があると考えます。評価尺度は、今回のアカデミーへの参加および実践を通して多くの参加者や講師の方々からも貴重なご意見をいただき、3段階評価としました。この点は意見が分かれる部分であると思われますが、学生に見せたところ「わかりやすくなった」とのコメントも聞かれました。

　今回のルーブリックでは、「チャレンジ精神」の項目は、大区分からの削除を含めてご意見をいただきましたが、理系ゼミでのコンピテンシーの重要な骨子の一つとして評価するのに、私自身重要と考えています。内容的に一部、教員目線の部分も含まれていますが、ゼミ生への期待を込めたルーブリックとして寛容していただきたく思います。

> ルーブリックの活用：
> 　研究室生活や研究もルーブリックで評価することが可能で、更に、その研究室生活には様々な評価観点がある。それだけでなく、このようにルーブリックを作成する先生側にもルーブリックが授業やゼミの改善のきっかけになる可能性がある。

5.3.　事例2　評価の名称を考える「英語B」

このクラスの基本情報

教育機関	大学
分野・専門領域	人文科学・英語
対象	大学1年
人数	約40名
必修・選択	必修選択
授業形態	座学・実習
課題の種類	グループワーク（ディスカッション）

5.3.1.　基本情報

2019年1月時点で北里大学一般教育部で教えていらっしゃったのが中戸照恵先生です。「英語B」を担当されています。この「英語B」は、約40名の大学1年生対象の必修選択の授業です。その学生へ課すものが、ディスカッションも兼ねたグループワークです。このディスカッションの課題にあわせてどのようなルーブリックをつくられたのでしょうか。詳細を見ていきましょう。

以下は中戸先生ご自身による記述です。

5.3.2.　課題

この「英語B」の科目は英語による効果的なプレゼンテーションの構成について学び、実践できるようになることを目標としています。課題は、学生にとってはじめてのグループプレゼンテーションです。そのプレゼンテーションを仕上げるまでの過程（協働してグループワークを進められるか否か）をルーブリックで評価しました。

5.3.3.　ルーブリックの狙い

英語のグループワークには英語を得意とする学生が全ての作業を行うなどの現象が起き、反対にワークにあまり参加しないフリーライダーが生まれやすいという特徴があります。そのリスクを避けるため、プレゼンテーションの準備に対する貢献度を個別に評価することを学生に周知することにしました。それによって、担当部分の原稿・パワーポイントの作成に責任感をもたせ、主体的に課題にとりくめるようにすることを狙いとしました。

5.3.4.　最初に作成したルーブリックについて

最初に作成したルーブリックを図14に示します。

(1)　作成時の留意点

　1)　評価観点

プレゼンテーションリハーサルまでの各ステップで学生の貢献度をはかれるよう、「グループディスカッション（日本語）への貢献」、「グループディスカッション以外の場での個人的貢献」、「グルー

プ発表リハーサルへの貢献」と、授業中の貢献、授業外に行う作業への貢献、リハーサル時の貢献の３つの観点を導入しました。

　　2）　評価尺度

　評価はExcellent→Good→Developingという評価にしました。英語の技能評価では、大抵もっとも低い評価はPoorとなることが多いですが、英語によるスピーチという学生にとってはハードルの高い課題となるため、もっとも低いものでもDeveloping（要改善）という尺度としました。

　　3）　評価基準

　具体的に記述し、何を基準に評価されるのかができるだけ学生に理解しやすいものとなるよう工夫しました。

		Excellent	Good	Developing
グループディスカッションへの貢献	発表内容の選定と役割分担	グループメンバーからの情報・提案をもとに選定したトピックについて、効果的にプレゼンテーションを行うための役割分担ができる。	グループメンバーからの情報・提案をもとに、グループとして首尾一貫したプレゼンテーションを行うための適切なトピックを選定できる。	情報を収集し、発表内容・構成についての提案ができる。
	発表原稿へのフィードバック	グループメンバーの発表原稿を読み、グループ全体として首尾一貫したプレゼンテーションとなるようフィードバックを与えることができる。	グループメンバーの発表原稿を読み、英文の展開法・文法的な誤りなどについてフィードバックを与えることができる。	グループメンバーの発表原稿を読み、内容について感想を述べることができる。
	パワーポイントへのフィードバック	グループメンバーのパワーポイントを見て、グループ全体として首尾一貫したプレゼンテーションとなるようフィードバックを与えることができる。	グループメンバーのパワーポイントを見て、効果的なスライドの構成・文法的な誤りなどについてフィードバックを与えることができる。	グループメンバーのパワーポイントを見て、内容について感想を述べることができる。
グループディスカッション以外の場での個人的貢献	発表原稿（第1稿）	原稿を締め切りまでに完成させており、その原稿は分担内容・分量を十分に満たしている。（グループメンバーからのフィードバックを受ける準備が整っている。）	原稿を締め切りまでに完成させているが、その原稿は分担内容・分量のいずれかが不十分である。（グループメンバーからのフィードバックを受ける準備が整っていない。）	原稿を締め切りまでに完成させる努力はしているが、その原稿は分担内容・分量のいずれも満たしていない。（グループメンバーからのフィードバックを受ける準備が整っていない。）
	パワーポイント（第1版）	パワーポイントを締め切りまでに完成させており、そのパワーポイントは分担内容・分量を十分に満たしている。（グループメンバーからのフィードバックを受ける準備が整っている。）	パワーポイントを締め切りまでに完成させているが、そのパワーポイントは分担内容・分量のいずれかが不十分である。（グループメンバーからのフィードバックを受ける準備が整っていない。）	パワーポイントを締め切りまでに完成させる努力はしているが、そのパワーポイントは分担内容・分量のいずれも満たしていない。（グループメンバーからのフィードバックを受ける準備が整っていない。）
グループ発表リハーサルへの貢献		グループメンバーの発表を聞き、時間の管理を行ったり、効果的な発表の仕方についてフィードバックをするなど、グループ全体の発表が円滑かつ効果的に進むよう協力できる。	原稿を十分に暗記してあり、原稿を見ずに、リハーサルに臨むことができている。自分の持ち時間内に発表を収め、グループ全体の発表が円滑に進むよう協力できる。	原稿の暗記が不十分なため、原稿を見ながらリハーサルに臨んでいる。自分の持ち時間を大幅に超えており、原稿の吟味が不十分である。

図14 グループディスカッションルーブリック Ver. 1

5.3.5.　実践を経ての気づきと改善

(1)　評価の実施方法と評価の結果

　1)　実施方法

　6月4日から7月9日までに全6回の授業を行いました。授業内ではグループプレゼンテーションのためのプロジェクトを開始する初回の授業で学生にルーブリックを配布しました。更にグループワーク評価のためのルーブリックを配布して評価項目を伝達した後、回収しました。グループワークを振り返る6回目の授業で学生に評価を返却しました。また、この授業では学生による自己採点は行いませんでした。

　2)　ルーブリックで評価をして気づいたこと

　ルーブリックを作成した当初の狙いは概ね達成されたものの、評価観点の妥当性を見直す必要性を感じました。

(2)　それぞれの項目における気づき、改善点

　以下のような気づきを得ることができました。

> ・グループに分かれてコンピューター上で修正しながらの作業となるため、個々人の貢献部分を抽出することが困難である。
> ・グループに分かれて同時にリハーサルするため、教員が授業時間内に個々人の貢献を確認することが困難である。

　更に、期限内に課題を提出できない、グループワークに欠席等の理由で参加しないという場合もあったことから、評価不能な場合の尺度が必要であると感じました。

　そのため、以下のような改善を加えました。まず、グループディスカッションへの貢献（パワーポイントへのフィードバック）の評価項目を削除しました。そして、グループ発表リハーサルへの貢献と、学生による相互評価をとりいれることにしました。更に、"Poor"という尺度を追加しました。それでできたのが図15の改善版です。

課題：グループプレゼンテーション（日本の文化について外国人に紹介する）の準備のためのグループワークの評価
目標：グループプレゼンテーションに向けて、協力しあって作業を進め、グループで一つのまとまりのあるプレゼンテーションを作成し、リハーサルできる
学籍番号　　　　氏名

		Excellent	Good	Developing	Poor（尺度を追加）
グループディスカッションへの貢献	発表内容の選定と役割分担	トピックを選定し、効果的にプレゼンテーションを行うための役割分担ができる。	グループとして首尾一貫したプレゼンテーションを行うための適切なトピックを選定できる。	情報を収集し、発表内容・構成についての提案ができる。	グループディスカッションに参加していない
	発表原稿への フィードバック（パワーポイントへのフィードバックを削除）	グループメンバーの発表原稿を読み、グループ全体として首尾一貫したプレゼンテーションとなるようフィードバックを与えることができる。	グループメンバーの発表原稿を読み、英文の展開法・文法的な誤りなどについてフィードバックを与えることができる。	グループメンバーの発表原稿を読み、内容について感想を述べることができる。	グループワークに参加していない
グループディスカッション以外の場での個人的貢献	発表原稿 （第1稿）	原稿を締め切りまでに完成させており、その原稿は分担内容・分量を十分に満たしている。（グループメンバーからのフィードバックを受ける準備が整っている。）	原稿を締め切りまでに完成させているが、その原稿は分担内容・分量のいずれかが不十分である。（グループメンバーからのフィードバックを受ける準備が整っていない。）	原稿を締め切りまでに完成させる努力はしているが、その原稿は分担内容・分量のいずれも満たしていない。（グループメンバーからのフィードバックを受ける準備が整っていない。）	発表原稿を提出できない
	パワーポイント （第1版）	パワーポイントを締め切りまでに完成させており、そのパワーポイントは分担内容・分量を十分に満たしている。（グループメンバーからのフィードバックを受ける準備が整っている。）	パワーポイントを締め切りまでに完成させているが、そのパワーポイントは分担内容・分量のいずれかが不十分である。（グループメンバーからのフィードバックを受ける準備が整っていない。）	パワーポイントを締め切りまでに完成させる努力はしているが、そのパワーポイントは分担内容・分量のいずれも満たしていない。（グループメンバーからのフィードバックを受ける準備が整っていない。）	パワーポイントを提出できない
グループ発表リハーサルへの貢献		グループメンバーの発表を聞き、時間の管理を行ったり、効果的な発表の仕方についてフィードバックをするなど、グループ全体の発表が円滑かつ効果的に進むように協力できる。	原稿を十分に暗記してあり、原稿を見ずに、リハーサルに臨むことができる。自分の持ち時間内に発表を収め、グループ全体の発表が円滑に進むように協力できる。	原稿の暗記が不十分なため、原稿を見ながらリハーサルに臨んでいる。自分の持ち時間を大幅に超えており、原稿の吟味が不十分である。	グループリハーサルに参加していない

図15　グループディスカッションルーブリック　Ver. 2

5　ルーブリックの事例をみる

5.3.6. 最後に

　グループプレゼンテーションの評価といっても、ルーブリックを一人一人配布し、それぞれを評価する場合と、グループ全体で一つのルーブリックを配布しグループ全体のパフォーマンスを評価する場合で評価基準を変える必要があります。この授業では1年間で3回のグループプレゼンテーションがあるため、毎回のパフォーマンスを個人評価にすることは効率的ではないと考えます。グループ全体に適したルーブリックを今後作成していきたく思います。

ルーブリックの活用：

　個人に対して評価した方がいい場合と、グループごとで評価した方がいい場合がある。その見極めが重要なのかもしれない。

5.4. 事例3 相互評価ができるようになる「図書館概論」

このクラスの基本情報

教育機関	大学
分野・専門領域	人文科学・図書館情報学
対象	-
人数	-
必修・選択	選択
授業形態	座学
課題の種類	レポート

5.4.1. 基本情報

　2018年の時点で、筑波大学大学院図書館情報メディア研究科の博士後期課程だったのが高池宣彦先生です。高池先生は図書館情報学[10]がご専門で、今回のルーブリックは、将来的に「図書館概論」の授業を実施することを想定して作成されました。選択授業、座学の授業を想定され、レポートを課すという想定です。課題と、ルーブリックはどのようなものでしょうか。詳細を見ていきましょう。

　以下は高池先生ご自身による記述です。

5.4.2. 課題

　私がレポート課題を設定する際には、これら3つの到達目標を設定しました。
(1) 図書館の機能や社会における意義や役割について理解し、他者に説明できるようになる
(2) 図書館の課題と展望について、自らの考えと関連づけ他者に伝えることができるようになる
(3) 図書館の基礎的な資料を図書館で調査することができるようになる
　更に、これらに対してどれほど到達しているのかで課題の評価を決めることにしました。

5.4.3. ルーブリックの狙い

　上の大きな3つの目標に加え、ルーブリックは学生が自分または他者のレポートを評価できるようになることを目標として作成しました。それらの自己採点や、他者のレポートの相互評価を通してアカデミックライティングの要点を身につけることが、このルーブリックの狙いです。

5.4.4. 最初に作成したルーブリックについて

　最初に作成したルーブリックを図16に示します。
(1) 作成時の留意点
　1) 評価観点

10　図書館情報学：知識、情報を構造化する過程を研究する学問分野。

「図書館概論」最終課題レポートを評価するためのルーブリック

レポート課題：図書館の意義について述べるとともに、今後の課題と展望について論じなさい。図書館の種類（館種）を限定して論じる部分があっても差し支えないが、その旨がわかるように記述すること。（引用の仕方、参考・引用文献リストの書き方は別途指示）

	優良（3）	良（2）	普通（1）	不可（0）
課題の理解	出題の意図を理解したうえで、課題に対する解答が的確で、過不足なく網羅して書かれたうえで、期待以上のことが加えられている。	出題の意図を理解したうえで、課題に対する解答が的確で、過不足なく網羅して書かれている。	出題の意図を理解している。	出題の意図を理解できていない。
論理的構成	結論に至るまでの論理的なプロセスをたどることができる。	結論に至るまでのプロセスはたどれる。前後関係の構成に工夫が必要である。	結論に至るまでのプロセスが整理しきれていない。	結論に至るまでのプロセスを示していない。
情報の典拠の明示と引用	参照した資料を適切に示して、引用や注をつけている。	参照した資料を示そうとしている。引用・参照方法に改善が必要である。	資料を参照していることがうかがえるが、参考・引用資料を示していない。	資料を参照していない。
情報の信頼性	信頼できる情報源から、正しい方法で、正確な証拠やデータを入手しているので、信頼性が高い。	必ずしも信頼できるとは言えない情報源から、証拠やデータを入手しているので、信頼性が高いとは言えない。	信頼性の著しく低い情報源から、不正確な方法で、あやふやな証拠やデータを入手しているので、著しく信頼性が低い。	情報源を使っていない。
表現の推敲 ①同じ言葉の繰り返しや多用がない。 ②誤字・脱字がない。 ③仮名遣い・送り仮名の誤りがない。 ④専門用語を正しく用いている	表現の推敲ができている。	表現の推敲のいくつかはできている。	表現の推敲をしようとしているが、不十分である。	表現に間違いが多く、推敲が不十分である。
文章の体裁 ①段落が適切につくられている。 ②句読点のつけ方が適切である。 ③主部と述部の対応にねじれがない。 ④文体が統一されている。	文章の体裁の項目に配慮できている。	文章の体裁の項目のいくつかは配慮できている。	文章の体裁に配慮しようとしているが、不十分である。	文章の体裁が整えられておらず、読み進めることができない。
コメント用スペース				

図16 「図書館概論」のルーブリック Ver. 1

評価観点では、①課題の意図を理解しているか。②レポートが論理的な構成になっているか。③情報の典拠の明示と引用を正しく行っているか。④信頼できる情報を引っ張るようにしているか。⑤表現の推敲はされていて、⑥文章の体裁は適切か。ということに留意して作成しました。

　　2）　評価尺度

　評価が5段階では自己採点・相互評価の際に学生の負担が大きいと考え、優良（3）→良（2）→普通（1）→不可（0）の4段階で設定しました。

　　3）　評価基準

　以下の目標が達成できたかどうかを測定することを目的として作成された課題を評価するルーブリックなので、模範的なレポートに期待する内容を「優良」に、それに到達できていない状態を「不可」に設定しました。「優良」と「不可」の間を「良」と「普通」の分けて記載しました。

⑵　フィードバックと改善点

　このVer.1のルーブリックに対して、以下のようなフィードバックをいただきました。

> ・全6つの評価観点のうち、「表現の推敲」、「文章の体裁」が1つずつある。この2つを評価で重要視するのであればいいが、全体のバランスを取ったほうがいいのではないか。
> ・評価尺度の「優良」の評価基準内容（例：「期待以上のことが加えられている」）は、学生が採点に用いることは難しい。
> ・「出題の意図」、「過不足なく」、「論理的プロセス」、「いくつか」の表現が曖昧なため、学生が自己評価に用いるのは難しい。
> ・レポート課題が「図書館の意義について述べるとともに、今後の課題と展望について、あなたの意見を述べ、論じなさい。」であるのに対し、評価基準が、図書館の「意義」、「今後の課題」、「展望」の3つに対してそれぞれ事実（情報）と意見（判断）を書くことを求めているのは、課題がわかりにくいとともに、ミスリードになる可能性がある。
> ・「出題の意図を理解」、「期待以上のことが加えられている」という評価基準では、学生が自己採点をできない。
> ・評価観点の点数の割合（重みづけ）は全て一緒でいいのか。

　それをふまえて、修正しました。図17に改善されたルーブリックを示します。まず、「表現の推敲」、「文章の体裁」を1つの評価観点にまとめ、以下の評価基準と点数配分（合計100）に改めました。課題の理解を60点とし、情報の信頼性を20点としました。更に、表現／体裁を20点としました。そして評価基準に点数を記載しました。また、「優良」を無くし、「良」、「普通」、「不可」の3段階に変更しました。また、学生が自己評価に利用できるように曖昧な表現を改めました。

　そして、『図書館の「意義」、「今後の課題」、「展望」について、事実（情報・他者の意見）と自分の意見（判断）を区別して、論じなさい。』と変更し、その他にも学生が自己採点できるような表現へ改めました。

　最後に、学生が自己採点をできるようにすると、学生同士が相互に勉強しあうことができていいと思います。私たち教員側はそれができるようにできるだけ明確な表現を使って円滑な相互採点を

サポートしてあげることが大事なのかと思いました。

> **ルーブリックの活用：**
> 　ルーブリックによって、学生同士が相互に評価し、他の学生を評価することができる。更に、客観的に課題を確認できることもできるかもしれない。

「図書館概論」最終課題レポートを評価するためのルーブリック

レポート課題：図書館の「意義」、「今後の課題」、「展望」について、事実（情報・他人の意見）と自分の意見（判断）を区別して、論じなさい。図書館の種類（館種）を限定して論じる部分があっても差し支えないが、その旨がわかるように記述すること。A4 用紙 1～2 枚程度（引用の仕方、参考・引用文献リストの書き方は別途指示）

	良	普通	不可	その評価にした理由（自由記述）
課題の理解（60）	図書館の意義について、事実（情報）と意見（判断）を区別して、述べている。（20）	図書館の意義について事実（情報）と意見（判断）を述べているが、区別していない。 または、図書館の意義について、事実（情報）または意見（判断）のどちらかしか述べていない。（10）	図書館の意義について述べていない。（0）	
	図書館の今後の課題について、事実（情報）と意見（判断）を区別して、述べている。（20）	図書館の今後の課題について事実（情報）と意見（判断）を述べているが、区別していない。 または、図書館の今後の課題について、事実（情報）または意見（判断）のどちらかしか述べていない。（10）	図書館の今後の課題について述べていない。（0）	
	図書館の展望について、事実（情報）と意見（判断）を区別して、述べている。（20）	図書館の展望について事実（情報）と意見（判断）を述べているが、区別していない。 または、図書館の展望について、事実（情報）または意見（判断）のどちらかしか述べていない。（10）	図書館の展望について述べていない。（0）	
情報の信頼性（20）	信頼できる情報源から、正しい方法で、正確な証拠やデータを入手しているので、信頼性が高い。（20）	必ずしも信頼できるとは言えない情報源から、証拠やデータを入手しているので、信頼性が高いとは言えない。（10）	信頼性の著しく低い情報源から、不正確な方法で、あやふやな証拠やデータを入手しているので、著しく信頼性が低い。 または、情報源を使っていない。（0）	
表現／体裁（20）	参照した資料を適切に示して、引用や注をつけている。（7）	参照した資料を示しているが、引用・参照方法に改善が必要である。（4）	参考・引用資料を示していない。（0）	
	専門用語を正しく用いている。（7）	専門用語が概ね正しく使用されており、誤用が 2 箇所以内である。（4）	専門用語の使い方に誤りが多く、誤用が 3 箇所以上ある。（0）	
	誤字・脱字、文法上の誤りがない。（6）	誤字・脱字、文法上の誤りが 1 つ～3 つある。（3）	誤字・脱字、文法上の誤りが 4 つ以上ある。（0）	
コメント用スペース				

図 17　「図書館概論」のルーブリック Ver. 2

5.5. 事例4　客観的な評価のための方策「教養教育：実践知 感性（芸術）『アートはあなたを映す鏡―見て、考えて、対話する―』」

このクラスの基本情報

教育機関	大学
分野・専門領域	人文科学・美術
対象	大学全学年　教養課程選択科目
人数	17名
必修・選択	選択
授業形態	座学・実習
課題の種類	パフォーマンス（ファシリテーション）

5.5.1. 基本情報

　森弥生先生は2019年1月時点では岡山大学にて教えられていました。専門は美術で、担当している授業は全学年対象の「教養教育：実践知 感性（芸術）『アートはあなたを映す鏡―見て、考えて、対話する―』」です。

　この授業は、1980年代にニューヨーク近代美術館教育普及担当者やハーバード大学の研究者たちによって開発された「ヴィジュアル・シンキング・カリキュラム」（visual thinking curriculum；VTC）、更に発展・確立された「ヴィジュアル・シンキング・ストラテジー」（visual thinking strategy；VTS）というメソッドを用いて行いました。1990年代に日本に紹介されてからはいずれも「対話型鑑賞」と呼ばれて美術館や学校教育に導入されてきました。

　講義の冒頭から、対象をよくみて対象のなかから根拠を挙げて自己の解釈を的確に言語化できること、他者の発言をよく聞くとともに他者との対話によって鑑賞を共有すること、そして、対話は基本的に芸術作品を介した「問い」と「そう考える根拠を示した鑑賞」というエクササイズを段階的に重ねる流れで授業は行われます。そして、その鑑賞の共有などを逐次ブラッシュアップしつつ各自の深い鑑賞・分析・研究に基づいた他者へのファシリテーションで終結します。

　この授業は選択授業であり、抽選で最大20名の学生が受講できます。授業はペアワークとグループワークを入れつつ、対話とディスカッションを行う形式です。この授業での学生への課題がファシリテーションです。どのようなファシリテーションの課題で、どのようなルーブリックをあわせて作られたのでしょうか。詳細を見ていきましょう。

　以下は森先生ご自身による記述です。

5.5.2. 課題

　アクティブ・ラーニング形式の授業で学んだ成果として、次のような課題をつくりました。自ら選択して鑑賞・分析・研究した造形作品を提示してファシリテーションを行うという課題です。更にそのファシリテーションから、他の学生全員を鑑賞者としてロールプレイしてもらい、作品の本質を見いだす対話を引き出すことを最終評価課題としました。

5.5.3. ルーブリックの狙い

ひとまとまりのアクティブラーニング毎に最終課題に至る段階的な評価ルーブリックを用いて自己を評価しながら、最後のファシリテーションに向けて必要なメソッドの理解や鑑賞者の新たな気づきや対話を促すためのスキルがどのレベルに達しているかチェックします。それを通してファシリテーション能力を身につけ、最終課題で自らを設定・展開できたかどうかについて、ファシリテーションを相互に評価しながら気づくことができるように設計しました。

5.5.4. 最初に作成したルーブリックについて

最初に作成したルーブリックを図 18 に示します。

⑴ 作成時の留意点

　1）　評価観点

最終課題のファシリテーションを行うにあたって、①鑑賞者にあっていて、対話によって作品鑑賞の解釈が深化・拡充するかという作品選びの妥当性はあるか。②作品そのものについて対話を展開する、ファシリテーションというメソッドの基本を理解しているか。③中立的で話しやすく、多角的な視点から気づきを促すための対話型鑑賞ファシリテーションの技術に熟達したか。中立的で自己の鑑賞を超える対話を尊重しているか。というアート鑑賞における多様性・多義性の承認に気をつけました。

　2）　評価尺度

評価尺度は、「Excellent　最高！」→「Good　よくできました」→「Developing 発展途上」の3段階としました。

　3）　評価基準

最高評価の「Excellent　最高！」、最低評価の「Developing 発展途上」を決定したのち、「Good　よくできました」と決めました。評価基準の記述は学生が理解しやすいように易しい表現を心がけました。鑑賞やファシリテーションが成立したかどうかは、到達度や鑑賞の深まりを定量的に示しにくいため、そのように評価した根拠を簡潔に記述できる欄を設けて、自己評価が妥当であるかどうかメタ認知を促すようにしました。

　4）　配点

パフォーマンス評価の場合、他者のファシリテーションを相互に評価することで、自分の不備や準備不足・コミュニケーション能力の不安などを感じて自己評価は揺らぐことが多く思います。そのため自己評価→相互評価→再度自己評価と合計で3回評価しています。このことによってファシリテーション直後の教師評価で学生の努力と明らかな問題点についてフォローしたのち、提出された最終自己評価ルーブリックに対して教師から項目ごとに評価することができます。おおむね80～100 点を Excellent、70～80 点を Good、60～70 点を Developing と配点と評価を対応させていることを伝えています。

アートはあなたを映す鏡 ― 見て、考えて、対話する―
自己評価表 2017　第 2 学期

学籍番号　　　　　　　　氏名

作品情報	作者名	題名	表現素材	制作年代

※色ペンで該当の枠に○をするか塗り、根拠を簡潔に記述しましょう。

評価の観点	Excellent　最高！	Good よくできました。	Developing 発展途上
作品選び	推論を立てられる fact があり、人によって様々な truth が出てきて議論をしながら深く鑑賞できる作品。 記述	Fact が見つけやすく、推論から truth を導けて、ある程度議論が展開できる作品。 記述	Fact はあるが、推論や truth に多様性がなく、議論にならない作品。 記述
ファシリテーターとしての態度	鑑賞者が話しやすい雰囲気をつくり、三つの質問に基づいて自分なりの工夫をした質問を用意して、参加者を議論に引き込むことができる。 記述	三つの質問に基づいて、鑑賞者が発言したことを指し示したり発言者の方を向いたりして共有して意見を引き出して興味を持続できる。 記述	三つの質問の繰り返しのみで、指し示したり発言者の方を向いたりできないので、発言を共有することができず、ばらばらな意見のままで終わってしまう。 記述
ファシリテーションの技術	同じ意見はまとめ、伝わりにくいと意見をわかりやすく言い換え、活発な発言を引き出して、自己分析以上の深い鑑賞に導くことができる。 記述	発言を繰り返すだけでなく、自分なりにまとめたり言い換えたりする努力をして参加者の truth を引出すことができる。 記述	発言を繰り返すだけで、自分なりに言い換えたりできず、参加者の truth を引き出すことができない。 記述
多様性・多義性の承認	自分の分析していない意見が出たら、「どうしてそう思ったのか？」を聞き出し、自分の分析や他の人の意見との共通点・相違点を楽しむ。 記述	自分の分析していない意見が出たら、「どうしてそう思ったのか？」を聞き出し、自分の分析や他の人の意見と関係づけようと努力できる。 記述	自分の分析していない意見が出たら、困ってしまってファシリテーションの流れが切れたり、その発言を無視したりしてしまう。 記述
時間・空間の配慮	皆が鑑賞できたか観察して、アドリブを入れたりしながら話しやすい雰囲気をつくることができる。 記述	立ち位置や指差しなど参加者が参加しやすい雰囲気づくりに努めることができる。 記述	鑑賞時間をとらなかったり、発言の意図をくみ取ることができないで無視したりする。 記述

この講義の学びが自分に及ぼした（そうはならなかった）ことについての考察

授業内容・形態・組み立てなどについての感想

よくついてきてくださいました。　See you ！

図 18　ファシリテーションルーブリック　Ver. 1

⑵　フィードバックと改善点

　以下のようなフィードバックをいただきました。

> ・シラバスを書いた時点で示した目標との整合性について、的確な評価項目に整理しきれていないところがあった。
> ・パフォーマンス評価であるにも関わらず、学生自身の成就感や達成感を観点に入れていなかった。
> ・学生はシラバスを読んでいないことが多く、アチーブメントテスト[11]としてのファシリテーション実践について、美術館での学外講義やビデオのディクテーションなどを経ないとゴールをイメージできなかったようだ。なので直前にルーブリック評価を示されても修正がきかなかったと思われる。

　それらをふまえて以下のように改善点を加えました。改善されたルーブリックを図19に示します。

　まず、3段階4評価観点に加えて、パフォーマンス自体の成就感・達成感について評価する評価項目「⑤　ファシリテーターとしての成就感（①～④がどう機能して豊かな対話を導くことができたか、リフレクションによる総合評価と自分自身についての気づき）」を追加しました。

　そして、各評価観点の文言の重複や冗長さ、あいまいさをできるだけ排除しようと努めました。講義の目標が理解されたと思われる中盤にルーブリック評価表を示して、岡山県立美術館で対話型鑑賞ファシリテーターによる実地講義に臨み、当日のファシリテーションのリフレクションと同時にファシリテーターと質疑応答を行ったことで、ファシリテーションのゴールと基準が明確になったと考えます。

11　アチーブメントテスト：理解度を評価するために行うテスト

アートはあなたを映す鏡 — 見て、考えて、対話する—
自己評価表 2018　第2学期

学籍番号　　　　　　　氏名

作品情報	作者名	題名	表現素材	制作年代

色ペンで該当の枠に○をするか塗り、根拠を簡潔に記述しましょう。

評価の観点	Excellent　最高！	Good よくできました	Developing 発展途上
作品選びの妥当性	推論を立てられる fact があり、人によって様々な truth が出てきて議論をしながら深く鑑賞できる作品。 評価の理由を記述	Fact が見つけやすく、推論から truth を導けて、ある程度議論が展開できる作品。 評価の理由を記述	Fact はあるが、推論や truth に多様性がなく、議論にならない作品。 評価の理由を記述
ファシリテーションの基本的な進め方の理解	鑑賞者が話しやすい雰囲気を作り、三つの質問に基づいて自分なりの工夫をした質問を用意して、参加者を議論に引き込むことができる。 評価の理由を記述	三つの質問に基づいて、鑑賞者が発言したことを指し示したり発言者の方を向いたりして共有して意見を引き出して興味を持続できる。 評価の理由を記述	三つの質問の繰り返しのみで、指し示したり発言者の方を向いたりできないので、発言を共有することができず、ばらばらな意見のままで終わってしまう。 評価の理由を記述
ファシリテーションの技術	同じ意見はまとめ、伝わりにくいと意見をわかりやすく言い換え、活発な発言を引き出して、自己分析以上の深い鑑賞に導くことができる。 評価の理由を記述	発言を自分なりにまとめたり言い換えたりする努力をして、ある程度参加者の truth を引出すことができる。 評価の理由を記述	発言を繰り返すだけで、自分なりに言い換えたりできず、参加者の truth を引き出すことが十分できない。 評価の理由を記述
アート鑑賞における多様性・多義性の承認	自分の分析していない意見が出たら、「どうしてそう思ったのか？」を聞き、自分や他の人の意見との共通点・相違点を共有しながらより深い鑑賞へと導くことができる。 評価の理由を記述	自分の分析していない意見が出たら、「どうしてそう思ったのか？」を聞き出し、自分の分析や他の人の意見と関係づけよう努力できる。 評価の理由を記述	自分の分析していない意見が出たら、困ってしまってファシリテーションの流れが切れたり、その発言を無視したりしてしまう。 評価の理由を記述
追加 ファシリテーターとしての成就感	立ち位置や指差しなどに配慮して皆が鑑賞できたか観察し、納得のいく対話型鑑賞ができた。 評価の理由を記述	立ち位置や指差しなど鑑賞者に配慮しながら対話を促すことができた。 評価の理由を記述	鑑賞時間や立ち位置等鑑賞への配慮ができなかったりして対話が成立せず、鑑賞が中途半端で終わった。 評価の理由を記述

この講義の学びが自分に及ぼした（そうはならなかった）ことについての考察

授業内容・形態・組み立てなどについての感想

よくついてきてくださいました。　See you ！

図 19　ファシリテーションルーブリック　Ver. 2

5.5.5.　実践を経ての気づきと改善

(1)　評価の実施方法と評価の結果

　1)　実施方法

　2018 年の 6〜8 月に 120 分の授業を 8 回行いました。まず、第 7、8 回「ファシリテーション大会」での 15 分のファシリテーションを全員に行ってもらい、自己評価ルーブリック記入を記入してもらいました。教員も同じルーブリックで教師評価を行いました。更に、同時に他学生のファシリテーションを同形式のルーブリックで相互評価しました。その後、教員が相互評価の集計を各自にメールで提示し、再度自己評価ルーブリックを修正・記入してメールで提出してそれを、最終評定としました。

　2)　ルーブリックで評価をして気づいたこと

　この講義の目標はタイトルが示すとおり、アートの自覚的な鑑賞を通して自身のものの見方・考え方に気づき、アクティブ・ラーニングで対話や議論を重ねながらコミュニケーション能力を伸ばし、各自の美的感受性への自信と他者のそれに対する敬意、アートがもつ多様性・多義性の尊重とそれを生み出した人間への洞察へと学びを深め、広げていくことです。

　数値化しにくいアクティブ・ラーニングの逐次評価や最終的なファシリテーションというパフォーマンス評価にルーブリックは有効でした。特に自己評価と相互評価のずれから自己認識の修正を行う場面にもっとも有効に働いたと考えます。

　評価項目でいえば、①他者が選んだアート作品への驚き、②③学びの過程でコミュニケーション能力が向上しているクラスメートへの敬意、④アートを介して多様な学部・学年の違いを超えた対話の喜び、⑤自身が努力したことに対する他者からの賞賛からくる自信と、他者の素晴らしいファシリテーションに接して自己を今一度見直すメタ認知機能が目標です。

　そこから鑑みるに、図画工作・美術表現・鑑賞について、評価の在り方や方法は議論され続けてなお統一した結論を見ないということ、教育工学的なアプローチから作成したルーブリック評価は、学生がそれぞれの学びの深化・拡充を段階的かつ多角的な評価観点に照らして自覚できるという評価の目標の一つの回答となり得ることを発見しました。

(2)　それぞれの項目における気づき、改善点

　以下のことに気づきました。

> ・①の「作品選びの妥当性」の評価は、②③のでき栄えによって揺らぐことが多く思います。
> ・アクティブ・ラーニングの過程で到達目標に関連した簡易型のルーブリック評価を重ね、中盤に最終の評価ルーブリックを示すことで、数値のみの評価とはならない

　「作品」が受講者の美的発達段階に適していて対話に値するかどうかということと、②③の対話を引き出すメソッドの理解と熟達とを切り離すことは難しいですが、⑤の成就感・達成感について、教師評価・相互評価と自己評価を行き来させることで切り分けられると考えます。

　簡単な根拠や説明を記入させることは、鑑賞を言語化することと同様にやはりメタ認知できて客

観的な評価に有効です。

5.5.6. 最後に

　学生の最終自己評価をみると、ルーブリックの評価が妥当であることがうかがえます。また、パフォーマンス評価にはルーブリックが適しているということがわかります。同時に、**講義の到達目標が達成されたかどうかはルーブリックだけでなく、自由記述によって何を学び理解し（理解できなかったか）新たに何に気づいたかが「ことば」で表現されることがわかります**。

　また、ルーブリックについては以下のようなことを感じました。他大学での教科教育法や造形表現系の授業でもルーブリックで評価してみて、やはり効果的でした。しかしながら、ルーブリックの表づくりでは、まず見た目から教師が大きな負担を感じるということが壁となっているようです。とある県の教育センターの鑑賞教育研修講座を 2 年連続して担当してみて、教師たちは最終的に教師が数値で評価しなければならないことに縛られていました。そのことによって、鑑賞そのものを教育対象として受け止められず、受講生もそれがために鑑賞の本質を見落としていることがアンケートなどから伝わってきました。

　ルーブリック評価方法に教科・領域を超えた汎用性があり、結果として生徒の主体性を強化し、教師からの評価に対する不安や負担感を軽減するということを伝えられるといいと思います。

ルーブリックの活用：
　ファシリテーションなど実習直後にルーブリックを用いた自己評価を行った後、相互評価ならびに教師評価、その後の自己評価補正を行うことによって、学習者はより的確な評価ができるかもしれない。

5.6.　事例5　評価を可視化してモチベーションを上げる「入門観光学実習Ⅳ」

このクラスの基本情報

教育機関	大学
分野・専門領域	社会科学・インストラクショナルデザイン
対象	学部1年
人数	15名
必修・選択	選択
授業形態	実習
課題の種類	プレゼンテーション

5.6.1.　基本情報

　ご紹介するのが、インタラクティブ・ティーチング受講当時、早稲田大学大学院人間科学研究科に所属され、インストラクショナルデザイン[12]が専門の松村智恵先生です。その松村先生が東京都内私立大学で特別講座として担当したのが、学部1年生対象の「入門観光学実習Ⅳ」でした。この授業は選択の科目であり、少人数授業です。その受講者へ課す課題がプレゼンテーションでした。この詳細を見ていきましょう。

　以下は松村先生ご自身による記述です。

5.6.2.　課題

　課題は、授業で扱ったトピック「海外旅行の危機管理の事例への対処方法について、授業で提供した知識を活用して要点を簡潔に説明できること」を重視しています。なので、授業で扱ったトピックに関するトラブル事例の状況と、危機が起きた際に、問題解決ができるかの判断基準を鑑み、事例への対処行動について説明するためのスライドを作成することを課題とし、成績評価しました。

5.6.3.　ルーブリックの狙い

　このルーブリックは、学生が課題に即した内容を理解したうえで、聴き手にわかりやすく伝えるスライドを作成する方法も身につけることも狙いです。ルーブリックを用いて課題にとりくみつつ、自己採点を行います。また、学生同士で採点を行います。今回は相互採点と呼ぶことにします。学生が3分間のプレゼンテーション課題にとりくむ際に、何に留意すれば良いかを、わかりやすく伝えることを考えながらルーブリックを作成しました。

12　インストラクショナルデザイン：教育に関する、学期を通じた授業や授業単体を計画することに着目した学問。

5.6.4. 最初に作成したルーブリックについて

最初に作成したルーブリックを図20に示します。

(1) 作成時の留意点

　1）評価観点

　海外観光危機管理の対処行動を考えるうえで、対処行動に必要な3つの観点をふまえて考えると、対処行動について記述しやすくなります。それにのっとり、学生には最初にトラブルの三つの観点を解答してもらっています。

　①「3つの観点の理解」を解答したうえで、②それら3つの観点に即した「事例の提示」ができているか、③「対処方法の提示」ができているかということを評価観点にしました。そして、①～③の④「内容の論理性」、⑤「日本語の正しさ」、⑥「文章構成」を、読み手にとってわかりやすいように、留意されているかを評価観点としました。

　2）評価尺度

　評価尺度が多いと学生がルーブリックを読み解くことに時間がかかってしまい、学生がルーブリックを満足に活用できないという心配がありました。それを打破するために、評価尺度は、3段階とし、優秀なものから順に「優良→良→要再学習」としました。更に、学生が自分自身の評価を明確にできるよう、評価点を数値化して示しました。

　3）評価基準

　優良（3点）→良（2点）→要再学習（1点）の順に記述内容を決めました。学生が理解しやすいようにわかりやすい記述を心掛けました。海外旅行の危機管理の箇所では、授業で示した評価基準の要点項目を思い出せるよう、数を事前に知らせました。

　4）配点

　評価観点では、授業で他の人にわかりやすく説明するために必要な方法を習得することを重視しました。そのため、海外におけるトラブル対応に際して、対処行動の判断に至るまでのプロセスを意識して解答することを重視しました。更に、スライド作成の際に配慮する観点も加えました。

(2) フィードバックと改善点

　フィードバックでは、「評価観点」、「評価尺度」、「評価基準」、「配点」でいただきました。それにあわせて、改善をしました。以下の指摘をいただきました。

> ・評価観点では、「課題は、事例の提示が前提のうえで、3つの観点から考えることによりトラブルの対処行動を判断することができることがもっとも重要なことであることをふまえた評価観点の表記をしたほうが、学習者が事例を思い出しやすいのではないか。」
> ・評価尺度では、「このルーブリックを使って、学生同士で、回答を相互評価し、改善に向けてのコメントを出しあう際にも利用するため、評価の表現を工夫し、学生を励ますような表現にしたらどうか。」
> ・評価基準では、「「出題の理解」について、事例に対する対処行動を「三つの観点」より考えていく方法を学んだことを思い出すための出題をしていることを理解する表現として、表現がわかりにくい。」
> ・配点では、「100点満点のようにしたほうが、学習者のモチベーションが上がるのではないか。」

観光危機管理（海外編）小テストルーブリック

問題：海外の観光危機管理の三つの分類について記述し、それぞれ事例を示し、その適切な対処方法について記述してください。

		優良 （3点）	良 （2点）	要再学習 （1点）
①	課題の理解	出題の意図を理解し三つの分類を記述している。	出題の意図を理解し二つの分類を記述している。	出題の意図を理解し一つの分類を記述している。
②	事例の提示	海外の観光危機管理の三つの分類に対応した事例を挙げている。	海外の観光危機管理の二つの分類に対応した事例を挙げている。	海外の観光危機管理の一つの分類に対応した事例を挙げている。
③	対処方法の提示	三つの分類事例について、対処方法をわかりやすく記述している。	二つの分類事例について、対処方法を記述している。	一つの分類事例について、対処方法を記述している。
④	内容の論理性	記述に一貫性があり客観的根拠に基づいたわかりやすい文章になっている。	記述に一貫性がありわかりやすいが、一部論理の飛躍や説明不足により、対処方法についての説明が客観的根拠に欠ける部分がある。	記述が一貫性に欠けている。論理の飛躍や説明不足により、対処方法についての説明が読み手に伝わりにくい記述になっている。
⑤	日本語の正しさ	誤字・脱字・文法の誤りがない。	誤字・脱字・文法の誤りが三つある。	誤字・脱字・文法の誤りが四つ以上ある。
⑥	文章構成	指定された構成どおりになっている。	指定された構成どおりになっていない箇所が一部ある。	指定された構成どおりになっていない。

目的

・海外の観光危機管理対処法について状況別に分類することができる。

・分類に該当する事例を挙げることができる。

・海外の危機管理の対処が必要な事例の対処方法を客観的根拠に基づき伝えることができる。

目標

・海外の観光危機管理対処法をトラブルの段階別に三つに分類することができる。

・海外の観光危機管理対処法の三つの分類に対応するトラブル事例を各一つ書き出すことができる。

・海外の観光危機管理対処法を各事例についての対処方法を、客観的根拠に基づき論理的に説明することができる。（回答複数）

答え：

・3段階の分類：3点×6視点による評価＝18点満点

　1．安全に影響を与えるトラブル、

　2．旅程管理に影響を与えるトラブル、

　3．事前の知識、スキル、心構え（態度）に配慮すれば回避できること（トラブル）

・上記3分類の事例を書き出す（授業でとりあげられた事例、または個人の経験）。

・上記3事例の対処方法を、授業で学んだ方法を参考に記述する。

図20　海外観光管理対処方法のルーブリック Ver. 1

ループリックの事例をみる

5

観光危機管理（海外編）小テストルーブリック

問題：この授業で学んだあなたは、海外旅行の RISK MANAGER として、はじめて海外旅行をする後輩にプレゼンテーションを行うことになりました。プレゼンテーションに使用するスライド資料を以下に示したルーブリックをヒントに作成してください。

　　　あなたは、授業において危機管理の際の行動判断基準の一つの方法として、海外旅行中に直面するトラブル対処行動を考える際、3つの観点より適切な対処行動について学びましたね。
　　　以下にプレゼンテーション用スライド作成のために役立つ、プレゼンテーションスライド作成のためのルーブリック（観光危機管理知識習得資料の評価基準）（pdf）を添付します。課題を遂行の際および自己採点に活用し、RISK MANAGER を目指しましょう。
　　　具体的には、3つの観点より対処行動を考えることが可能なトラブル事例を挙げ、対処行動について書き出し、3分間のプレゼンテーションに使用する4枚のスライドを作成してください。
スライド1枚目：①トラブル対応に必要な3観点の表記。
スライド2、3、4枚目：①で挙げた問題の分類の各観点について判断が必要な状況にある事例を書き出し、②③④の観点に沿った観点をもとにスライドを作成してください。
　　　　　　　更に、聴き手がよりわかりやすく理解できるよう、各スライドに対して、⑤⑥⑦の観点にも配慮してみてください。
　　　なお、提示するトラブル事例については、自分自身の身の回りで起きた問題であっても、授業で聴いた事例でもかまいません。②③④において、提示する事例は、授業でとりあげた場面（空港、ホテル、レストラン、観光地、ショッピング等）において、どのような状況であるときに、②③④の観点に沿って行動を判断する必要があるか。また適切であると考えられる対処行動はどのような行動かについて考えてください。スライドには、旅行中の一場面を選び表記し、書き出した事例について、②③④の観点に沿って、その適切な対処行動について記述してください。（スライドの作成例は事前に授業中に示した形式で作成してください）

※この小テストの回答は、次の授業で4人グループとなる学友と以下の評価基準に従い、相互に採点します。採点の結果をもとに、グループ全員の回答が RISK MANAGER のレベルに到達することをめざして、授業内で検討し、授業の終わりにクラス全員で共有していきます。

		RISK MANAGER（3点）	THINK AGAIN（2点）	LEARN AGAIN（1点）
①	課題の理解	出題の意図を理解し三つの観点を表記している。	出題の意図を理解し二つの観点を表記している。	出題の意図を理解し一つの観点だけを表記している。
②	安全の観点	トラブル事例を提示し、安全最優先の観点に基づいて説明し、正しい判断をしている。 （事例提示　1点） （観点説明　1点） （適切な判断1点）	トラブル事例を提示し、安全最優先の観点に基づいて説明しているが、正しい判断をしていない。 （事例提示　1点） （観点説明　1点） （適切な判断0点）	トラブル事例を提示しているが、安全最優先の観点について説明していない。または、説明しているが判断が誤っている。 （事例提示　1点） （観点説明　0点） （適切な判断0点）
③	旅程管理の観点	トラブル事例を提示し、旅程管理の観点に基づいて説明し、旅程変更がある場合は、最小限の旅程変更となる対処行動を提示している。 （事例提示　1点） （観点説明　1点） （適切な行動提示1点）	トラブル事例を提示し、旅程管理の観点に基づいて説明している。最小限の旅程変更となる対処行動を提示しているとは言えない。 （事例提示　1点） （観点説明　1点） （適切な行動提示0点）	トラブル事例を提示しているが、旅程管理の観点に基づいて説明していない。対処行動について記述していない。 （事例提示　1点） （観点説明　0点） （適切な行動提示0点）

④	トラブル回避の観点	（授業で示したような）事前の知識、スキル、心構え（態度）の観点から、回避可能なトラブルであると判断できる事例を提示し、トラブル回避のために事前にできることについて記述ができている。 （事例提示　1点） （観点説明　1点） （適切な行動提示1点）	（授業で示したような）事前の知識、スキル、心構え（態度）の観点から、回避可能なトラブルであると判断できる事例を提示しているが、トラブル回避のために事前にできることについて記述が不十分である。 （事例提示　1点） （観点説明　1点） （適切な行動提示0点）	（授業で示したような）事前の知識、スキル、心構え（態度）の観点から、回避可能なトラブルであると判断できる事例を提示しているが、トラブル回避のために事前にできることについての記述がない。 （事例提示　1点） （観点説明　0点） （適切な行動提示0点）
⑤	内容の論理性	記述に一貫性があり客観的根拠に基づいたわかりやすい文章になっている。	記述に一貫性がありわかりやすいが、一部論理の飛躍や説明不足により、対処方法についての説明が客観的根拠に欠ける部分がある。	記述が一貫性に欠けている。論理の飛躍や説明不足により、対処方法についての説明が読み手に伝わりにくい記述になっている。
⑥	日本語の正しさ	誤字・脱字・文法の誤りがない。	誤字・脱字・文法の一〜三つ誤りがある。	誤字・脱字・文法の誤りが四つ以上ある。
⑦	文章構成	指定された構成どおりになっている。	指定された構成どおりになっていない箇所が一部ある。	指定された構成どおりになっていない。

目的

・海外の観光危機管理対処法に至る思考プロセスの一つを活用し、適切な危機管理対処行動をイメージ体験する。

目標

・海外旅行におけるトラブル事例に対する対処行動を三つの観点について説明できる。

・海外旅行におけるトラブル事例を場面別に提示することができる。

・各トラブル事例についての対処行動を、安全、旅程管理、トラブル回避の観点に従い説明することができる。

答え：

・海外旅行におけるトラブル対処行動を考えるうえでの3観点：

　　1．安全に影響を与えるトラブル、

　　2．旅程管理に影響を与えるトラブル、

　　3．事前の知識、スキル、心構え（態度）に配慮すれば回避できること（トラブル）

・上記3観点に関わるトラブル事例を書き出す（授業でとりあげられた事例、または個人の経験）。

・上記3事例の対処行動を、授業で学んだ方法を参考に記述する。

3点×7観点＝21点満点

　次の授業では、授業で活用したよくある旅行のトラブル事例をもとに、トラブルの状況把握と対処方法と、トラブル回避に役立つ、予備知識、準備できるスキル、心構え（態度）について提示された意見を共有し、海外旅行のトラブル回避、発生時に必要な心構えについて意見を共有する。

　最終テストにおいて、同じ観点によるルーブリックを活用し、自分の経験、ニュースで聞いたトラブル事例と状況を各自テーマとし、実際にトラブルの発生したときに行われた対処方法とその対処の結果について記述し、より適切と考えられる対処行動の提示および、事前にできるトラブル回避の方法について記述するレポートを作成してもらい、クラスで回答を共有する。

図21　海外観光管理対処方法のルーブリック Ver. 2

これらの指摘をふまえ、以下のように改善しました。改善されたルーブリックを図21に示します。

　学生が②「安全の観点」、③「旅程管理の観点」、④「トラブル回避の観点」に沿った事例を思い出し、状況説明ができる→観点②③④で対処行動を考える→他の人にわかりやすく伝えるために⑤⑥⑦の「内容の論理性」、「日本語の正しさ」、「文章構成」を考え、これらを留意する観点の7観点としました。また、学生が評価観点を見て、どのような考え方で各評価基準に従って改善すると良いのか、わかりやすい表現に改善しました。

　具体的には、段階的に、"LEARN AGAIN" → "THINK AGAIN" → "THEN YOU WILL BE A RISK MANAGER" とし、全員が "RISK MANAGER" をめざす評価尺度の表現としました。そして、「出題の理解」について、トラブル事例に対する対処方法を考えるプロセスを理解しているかどうかを確認することが目的の小テストであるため、「事例」の表現を「観点」と記述しました。最後に、小テストとして作成したルーブリックであるため、よりシンプルに採点しやすいように1項目の基準に対し、1点の配点とする現状のままの配点としました。私の場合は採点の効率化を目指して、100点満点で採点するということを採用はしませんでしたが、他の課題では大いに使えます。

5.6.5.　実践を経ての気づきと改善

⑴　評価の実施方法と評価の結果

　1)　実施方法

　東京都内私立大学の経営学部の「入門観光学実習」のなかでの特別授業として 90 分の授業を実施しました。受講者は大学 1 年生が 15 名でしたが、時間の都合でルーブリックを活用しての小テストができませんでした。その次に、その授業の 1 ヶ月半後に、90 分の模擬授業を大学 1 年生 2 名に実施しました。授業終了後、学生へルーブリックを配布しました。授業終了後に学生たちは 10 分間、A4 レポートの記述をしたのち、ルーブリックをもとに相互採点し（5 分）、情報を共有しあいました。そして、ルーブリックに沿って改善点を検討しました（10 分）。その後、改善後のトラブル事例の状況説明と対処方法についてそれぞれ発表しました（発表時間 3 分）。結果、小テスト課題の作業はスムーズに遂行できました。

　更にまた改善を行いました。図 22 のルーブリックがそれにあたります（Ver. 3 と呼びます）。このときは、時間の都合でルーブリックを活用しての小テストができませんでした。今まではルーブリックにより授業内に発表するための A4 の資料を作成していました。それに対し改善後は、学生がストーリー仕立てに説明できるように、スライド作成を課題としました。

観光危機管理（海外編）小テストルーブリック

問題：この授業で学んだあなたは、海外旅行の RISK MANAGER として、はじめて海外旅行をする後輩にプレゼンテーションを行うことになりました。プレゼンテーションに使用するスライド資料を以下に示したルーブリックをヒントに作成してください。

　　　あなたは、授業において危機管理の際の行動判断基準の一つの方法として、海外旅行中に直面するトラブル対処行動を考える際、三つの観点より適切な対処行動について学びましたね。

　　　以下にプレゼンテーション用スライド作成のために役立つ、プレゼンテーションスライド作成のためのルーブリック（観光危機管理知識習得資料の評価基準）（pdf）を添付します。課題を遂行の際および自己採点に活用し、RISK MANAGER を目指しましょう。

　　　具体的には、三つの観点より対処行動を考えることが可能なトラブル事例を挙げ、対処行動について書き出し、3 分間のプレゼンテーションに使用する 4 枚のスライドを作成してください。
スライド 1 枚目：①トラブル対応に必要な 3 観点の表記。
スライド 2、3、4 枚目：①で挙げた問題の分類の各観点について判断が必要な状況にある
　　　　　　　　　　　事例を書き出し、②③④の観点に沿った観点をもとにスライドを作成して
　　　　　　　　　　　ください。
　　　　　　　　　　　　更に、聴き手がよりわかりやすく理解できるよう、各スライドに対して、
　　　　　　　　　　　⑤⑥⑦の観点にも配慮してみてください。

　　　なお、提示するトラブル事例については、自分自身の身の回りで起きた問題であっても、授業で聴いた事例でもかまいません。②③④において、提示する事例は、授業でとりあげた場面（空港、ホテル、レストラン、観光地、ショッピング等）において、どのような状況であるときに、②③④の観点に沿って行動を判断する必要があるか。また適切であると考えられる対処行動はどのような行動かについて考えてください。スライドには、旅行中の一場面を選び表記し、書き出した事例について、②③④の観点に沿って、その適切な対処行動について記述してください。（スライドの作成例は事前に授業中に示した形式で作成してください）

※この小テストの回答は、次の授業で 4 人グループとなる学友と以下の評価基準に従い、相互に採点します。採点の結果をもとに、グループ全員の回答が RISK MANAGER のレベルに到達することをめざして、授業内で検討し、授業の終わりにクラス全員で共有していきます。

		RISK MANAGER （3点）	THINK AGAIN （2点）	LEARN AGAIN （1点）
①	課題の理解	出題の意図を理解し三つの観点を表記している。	出題の意図を理解し二つの観点を表記している。	出題の意図を理解し一つの観点だけを表記している。
②	安全の観点	トラブル事例を提示し、安全最優先の観点に基づいて説明し、正しい判断をしている。	トラブル事例を提示し、安全最優先の観点に基づいて説明しているが、正しい判断をしていない。	トラブル事例を提示しているが、安全最優先の観点について説明していない。または、説明しているが判断が誤っている。

③	旅程管理の観点	トラブル事例を提示し、旅程管理の観点に基づいて説明し、旅程変更がある場合は、最小限の旅程変更となる対処方法を提示している。	トラブル事例を提示し、旅程管理の観点に基づいて説明している。最小限の旅程変更となる対処方法を提示しているとは言えない。	トラブル事例を提示しているが、旅程管理の観点に基づいて説明していない。対処方法について記述していない。
④	トラブル回避の観点	（授業で示したような）事前の知識、スキル、心構え（態度）の観点から、回避可能なトラブルであると判断できる事例を提示し、トラブル回避のために事前にできることについて記述ができている。	（授業で示したような）事前の知識、スキル、心構え（態度）の観点から、回避可能なトラブルであると判断できる事例を提示しているが、トラブル回避のために事前にできることについて記述が不十分である。	（授業で示したような）事前の知識、スキル、心構え（態度）の観点から、回避可能なトラブルであると判断できる事例を提示しているが、トラブル回避のために事前にできることについての記述がない。
⑤	内容の論理性	記述に一貫性があり客観的根拠に基づいたわかりやすい文章になっている。	記述に一貫性がありわかりやすいが、一部論理の飛躍や説明不足により、対処方法についての説明が客観的根拠に欠ける部分がある。	記述が一貫性に欠けている。論理の飛躍や説明不足により、対処方法についての説明が読み手に伝わりにくい記述になっている。
⑥	日本語の正しさ	誤字・脱字・文法の誤りがない。	誤字・脱字・文法の一〜三つ誤りがある。	誤字・脱字・文法の誤りが四つ以上ある。
⑦	文章構成	指定された構成どおりになっている。	指定された構成どおりになっていない箇所が一部ある。	指定された構成どおりになっていない。

目的

・海外の観光危機管理対処法に至る思考プロセスの一つを活用し、適切な危機管理対処行動をイメージ体験する。

目標

・海外旅行におけるトラブル事例に対する対処方法を三つの観点について説明できる。

・海外旅行におけるトラブル事例を場面別に提示することができる。

・各トラブル事例についての対処行動を、安全、旅程管理、トラブル回避の観点に従い説明することができる。

答え（3点×7観点＝21点満点）：

・海外旅行におけるトラブル対処行動を考えるうえでの3観点：

　1．安全に影響を与えるトラブル、

　2．旅程管理に影響を与えるトラブル、

　3．事前の知識、スキル、心構え（態度）に配慮すれば回避できること（トラブル）

・上記3観点に関わるトラブル事例を書き出す（授業でとりあげられた事例、または個人の経験）。

・上記3事例の対処方法を、授業で学んだ方法を参考に記述する。

　次の授業では、授業で活用したよくある旅行のトラブル事例をもとに、トラブルの状況把握と対処方法と、トラブル回避に役立つ、予備知識、準備できるスキル、心構え（態度）について提示された意見を共有し、海外旅行のトラブル回避、発生時に必要な心構えについて意見を共有する。

　最終テストにおいて、同じ観点によるループリックを活用し、自分の経験、ニュースで聞いたトラブル事例と状況を各自テーマとし、実際にトラブルの発生したときに行われた対処方法とその対処の結果について記述し、より適切と考えられる対処方法の提示および、事前にできるトラブル回避の方法について記述するレポートを作成してもらい、クラスで回答を共有する。

図 22　海外観光管理対処方法のルーブリック Ver. 3

2) ルーブリックで評価をして気づいたこと

・ルーブリックを作成した当初の狙いの達成度

理解の度合いを知るという点では達成されました。

「課題の理解」の答えを記述できないと、その後の問題に進むことができない出題形式です。授業で学んだ3つの観点は前提知識として、授業中に振り返りをしたほうが良いと思いました。

・ルーブリックの信頼性・妥当性・客観性・効率性について気づいたこと

信頼性を担保するためには、大人数での授業で実施する必要があります。今回の授業では決して大人数とはいえず、今後の検討が必要です。更に、妥当性については、評価方法が測定対象となる能力や行動を測定できていると考えられます。採点者が変わっても結果が同じかどうかという点では、Ver.3 の方が、採点者が変わっても結果が同じとなり客観性があると考えます。また、実施や採点は容易で効率性が保たれていると思います。授業内で学生間のワークとして活用可能です。こういう意味では、客観性も担保できていると思われます。

(2) それぞれの項目における気づき、改善点

以下のような気づきを得ることができました。

> ・評価基準については、学んだことを振り返る観点がわかりやすくなったのでそのままで良いのではないか。
> ・各評価基準の1点の配点が明確にわかると、採点の客観性がより担保されるのではないか。

いただいた気づきをふまえて、再度改善しました。一回目の提案をふまえて、評価基準は改善3の変更と同じとしました。そして、3点満点の1点の配点が明確に判るよう、配点の内訳を②「安全の観点」、③「旅行管理の観点」、④「トラブル回避の観点」に加筆しました。

これらの訂正を経て作成したのが図23のルーブリック（Ver. 4）です。

ルーブリックの事例をみる

観光危機管理（海外編）小テストルーブリック

問題：この授業で学んだあなたは、海外旅行の RISK MANAGER として、はじめて海外旅行をする後輩にプレゼンテーションを行うことになりました。プレゼンテーションに使用するスライド資料を以下に示したルーブリックをヒントに作成してください。

あなたは、授業において危機管理の際の行動判断基準の一つの方法として、海外旅行中に直面するトラブル対処行動を考える際、三つの観点より適切な対処行動について学びましたね。

以下にプレゼンテーション用スライド作成のために役立つ、プレゼンテーションスライド作成のためのルーブリック（観光危機管理知識習得資料の評価基準）（pdf）を添付します。課題を遂行の際および自己採点に活用し、RISK MANAGER を目指しましょう。

具体的には、三つの観点より対処行動を考えることが可能なトラブル事例を挙げ、対処行動について書き出し、3分間のプレゼンテーションに使用する4枚のスライドを作成してください。

スライド1枚目：①トラブル対応に必要な3観点の表記。

スライド2、3、4枚目：①で挙げた問題の分類の各観点について判断が必要な状況にある事例を書き出し、②③④の観点に沿った観点をもとにスライドを作成してください。

更に、聴き手がよりわかりやすく理解できるよう、各スライドに対して、⑤⑥⑦の観点にも配慮してみてください。

なお、提示するトラブル事例については、自分自身の身の回りで起きた問題であっても、授業で聴いた事例でもかまいません。②③④において、提示する事例は、授業でとりあげた場面（空港、ホテル、レストラン、観光地、ショッピング等）において、どのような状況であるときに、②③④の観点に沿って行動を判断する必要があるか。また適切であると考えられる対処行動はどのような行動かについて考えてください。スライドには、旅行中の一場面を選び表記し、書き出した事例について、②③④の観点に沿って、その適切な対処行動について記述してください。（スライドの作成例は事前に授業中に示した形式で作成してください）

※この小テストの回答は、次の授業で4人グループとなる学友と以下の評価基準に従い、相互に採点します。採点の結果をもとに、グループ全員の回答が RISK MANAGER のレベルに到達することをめざして、授業内で検討し、授業の終わりにクラス全員で共有していきます。

		RISK MANAGER（3点）	THINK AGAIN（2点）	LEARN AGAIN（1点）
①	課題の理解	出題の意図を理解し三つの観点を表記している。	出題の意図を理解し二つの観点を表記している。	出題の意図を理解し一つの観点だけを表記している。
②	安全の観点	トラブル事例を提示し、安全最優先の観点に基づいて説明し、正しい判断をしている。 （事例提示　1点） （観点説明　1点） （適切な判断1点）	トラブル事例を提示し、安全最優先の観点に基づいて説明しているが、正しい判断をしていない。 （事例提示　1点） （観点説明　1点） （適切な判断0点）	トラブル事例を提示しているが、安全最優先の観点について説明していない。または、説明しているが判断が誤っている。 （事例提示　1点） （観点説明　0点） （適切な判断0点）
③	旅程管理の観点	トラブル事例を提示し、旅程管理の観点に基づいて説明し、旅程変更がある場合は、最小限の旅程変更となる対処行動を提示している。 （事例提示　1点） （観点説明　1点） （適切な行動提示1点）	トラブル事例を提示し、旅程管理の観点に基づいて説明している。最小限の旅程変更となる対処行動を提示しているとは言えない。 （事例提示　1点） （観点説明　1点） （適切な行動提示0点）	トラブル事例を提示しているが、旅程管理の観点に基づいて説明していない。対処行動について記述していない。 （事例提示　1点） （観点説明　0点） （適切な行動提示0点）

④	トラブル回避の観点	（授業で示したような）事前の知識、スキル、心構え（態度）の観点から、回避可能なトラブルであると判断できる事例を提示し、トラブル回避のために事前にできることについて記述ができている。 （事例提示　1点） （観点説明　1点） （適切な行動提示1点）	（授業で示したような）事前の知識、スキル、心構え（態度）の観点から、回避可能なトラブルであると判断できる事例を提示しているが、トラブル回避のために事前にできることについて記述が不十分である。 （事例提示　1点） （観点説明　1点） （適切な行動提示0点）	（授業で示したような）事前の知識、スキル、心構え（態度）の観点から、回避可能なトラブルであると判断できる事例を提示しているが、トラブル回避のために事前にできることについての記述がない。 （事例提示　1点） （観点説明　0点） （適切な行動提示0点）
⑤	内容の論理性	記述に一貫性があり客観的根拠に基づいたわかりやすい文章になっている。	記述に一貫性がありわかりやすいが、一部論理の飛躍や説明不足により、対処方法についての説明が客観的根拠に欠ける部分がある。	記述が一貫性に欠けている。論理の飛躍や説明不足により、対処方法についての説明が読み手に伝わりにくい記述になっている。
⑥	日本語の正しさ	誤字・脱字・文法の誤りがない。	誤字・脱字・文法の一～三つ誤りがある。	誤字・脱字・文法の誤りが四つ以上ある。
⑦	文章構成	指定された構成どおりになっている。	指定された構成どおりになっていない箇所が一部ある。	指定された構成どおりになっていない。

目的

・海外の観光危機管理対処法に至る思考プロセスの一つを活用し、適切な危機管理対処行動をイメージ体験する。

目標

・海外旅行におけるトラブル事例に対する対処行動を三つの観点について説明できる。
・海外旅行におけるトラブル事例を場面別に提示することができる。
・各トラブル事例についての対処行動を、安全、旅程管理、トラブル回避の観点に従い説明することができる。

答え（3点×7観点＝21点満点）：

・海外旅行におけるトラブル対処行動を考えるうえでの3観点：
　1．安全に影響を与えるトラブル、
　2．旅程管理に影響を与えるトラブル、
　3．事前の知識、スキル、心構え（態度）に配慮すれば回避できること（トラブル）
・上記3観点に関わるトラブル事例を書き出す（授業でとりあげられた事例、または個人の経験）。
・上記3事例の対処行動を、授業で学んだ方法を参考に記述する。

　次の授業では、授業で活用したよくある旅行のトラブル事例をもとに、トラブルの状況把握と対処方法と、トラブル回避に役立つ、予備知識、準備できるスキル、心構え（態度）について提示された意見を共有し、海外旅行のトラブル回避、発生時に必要な心構えについて意見を共有する。

　最終テストにおいて、同じ観点によるルーブリックを活用し、自分の経験、ニュースで聞いたトラブル事例と状況を各自テーマとし、実際にトラブルの発生したときに行われた対処方法とその対処の結果について記述し、より適切と考えられる対処行動の提示および、事前にできるトラブル回避の方法について記述するレポートを作成してもらい、クラスで回答を共有する。

図23　海外観光管理対処方法のルーブリック Ver.4

5.6.6. 最後に

　授業実施後、評価基準③「旅行管理の観点」の評価項目で、「対処方法」の表記を「対処行動」としたほうが具体的な行動を考えることができるとの声が上がりました。これを受けて、Ver. 3からVer. 4に改善する際に、ルーブリックの妥当性を高めるために、評価基準④「トラブル回避の観点」の「対処方法」の表現を「対処行動」としました。

　授業に活用でき、学生の思考プロセスを示しつつ、授業全体のなかの一部としてのルーブリックとして使用できるルーブリックを作成したいと、小テストにルーブリックを作成してみました。今後はシラバスに、「小テストは成績評価に加算される課題である」かということを学生に予め告知しておきます。それによって、学生の課題にとり組むモチベーションに影響を与える可能性が高くなります。このような配点に対する配慮も、今後必要であると考えました。

ルーブリックの活用：
　学生の課題に取り組むモチベーションを上げるために、評価の可視化をする。更に、プレゼンテーションのつくり方を学ぶためにルーブリックを活用する。

5.7. 事例6 点数の微調整「化学概論」

このクラスの基本情報

教育機関	高等専門学校
分野・専門領域	自然科学・化学
対象	高専4年
人数	-
必修・選択	-
授業形態	座学
課題の種類	レポート

5.7.1. 基本情報

　薬学、材料がご専門で、仙台高等専門学校で化学を教えていらっしゃった、関戸大先生です。なお、2023年より、関戸先生は神山まるごと高専に移られました。

　その関戸先生が仙台高等専門学校の4年生に教えていらっしゃった「化学概論」（2021年のカリキュラムでは「化学特論」に名称変更）では、受講者の成績評価のためレポートを課しています。

　以下は関戸先生ご自身による記述です。

5.7.2. 課題

　「化学概論」は学生が授業内で扱った内容や知識を「記憶していること」よりも知識を「活用して様々な現象を説明できること」、「参考文献を活用し、深められること」に重点を置いています。この目標ともいえる内容にあわせ、授業で扱った内容に関連する事象の文献調査を行い、論述することを課題としました。

5.7.3. ルーブリックの狙い

　学生がレポート課題にとりくむときに、何に留意すれば良いかをわかりやすく伝えることを考えてルーブリックを作成しました。

5.7.4. 最初に作成したルーブリックについて

　最初に作成したルーブリックを図24に示します。

⑴　作成時の留意点

　1）　評価観点

　授業の目標から鑑みて、論理的構成、専門用語、参考文献を評価観点としました。論理的構成で問われる、「化学の現象について他者にわかりやすく簡潔に説明できること」、そして「専門用語を正しく使いつつわかりやすく解説できること」、参考文献を用いて「説明の根拠となる文献を提示できること」を重視しました。

　2）　評価尺度

	模範的	良	要改善
課題に対する解答 (30)	□主題文で課題に対する説明が簡潔に明記されている (30)	□主題文で課題に対する説明が書かれているが、曖昧またはポイントを絞り切れていない (20)	□主題文が書かれていない (0)
論理的構成 (20)	□結論に至るまでの論理が整理されている (10)	□結論に至るまでの論理がある程度整理されているが、一部飛躍や前後があり、理解に時間がかかる (7)	□結論に至るまでの論理が示されておらず、理解に著しく時間がかかる (0)
	□各パラグラフに中心となる文がある (10)	□中心文のないパラグラフが一部ある (7)	□中心文が書かれていない、または曖昧で判読できない (0)
専門用語 (20)	□専門用語が正しく使用されている (15)	□専門用語が概ね正しく使用されており、誤用が2箇所以内である (10)	□専門用語の使い方に誤りが多く、誤用が3箇所以上ある (0)
	□初出の専門用語には読み手の理解を助ける解説がある (5)	□初出の専門用語について読み手の理解を助ける解説が部分的にある (3)	□初出の専門用語について読み手の理解を助ける解説が全くなされていない (0)
レポートの工夫点 (20)	□図を用いる、身近な例を用いるなど読み手の理解を助ける工夫が随所に見られ、読み手に「わかりやすい」と思わせている (20)	□図を用いる、身近な例を用いるなど読み手の理解を助ける工夫が一部見られ、読み手に「難しいが何とか理解できる」と思わせている (15)	□理解を助ける工夫がなく、読み手に「難しい」と思わせている (0)
参考文献 (10)	□参考文献が2個以上用いられている (5)	□参考文献が一つ提示されている (3)	□参考文献を用いていない (0)
	□本文中に引用箇所が明記されている (5)		□本文中に引用箇所が示されていない (0)

図 24　改善前のルーブリック

3段階とし模範的（100点）、良（60点）、要改善（0点）となるように配点しました。

3)　評価基準

模範的→要改善→良の順に記述内容を決めました。評価の記述は学生が理解しやすいように簡単な表現を心がけました。

(2)　フィードバックと改善点

フィードバックでは、「評価観点」、「評価尺度」、「評価基準」、「配点」でいただきました。それにあわせて、改善をしました。

・評価観点では、
「評価観点がシンプルでわかりやすい」「評価の妥当性がある」
・評価尺度では、
「高得点が多数出そう。平均点の調整はどのように行うのか。」
・評価基準では、
「主題文」「結論に至るまでの論理が整理されている」「各パラグラフに中心となる文がある」という記述が学生にとってわかりにくい

というご指摘をいただきました。

　評価観点では好意的なコメントを多くいただいたため、そのままとしました。更に、評価尺度では平均点の調整について懸念が示されました。これに対しては、平均点が高くても質の高いレポートを学生が書けるなら問題ないと判断し、そのままとしました。その他では、これから書かれる内容に変更しました。評価尺度では、実際は評価尺度がもっとも改善すべき点でしたが、これについては後述します。評価基準では、「『課題への解答、説明→本文（論拠や例示）→まとめ』の構成になっている」「本文で 1 段落（1 パラグラフ）に一つのトピックが記述されている」という記述に改善しました。改善後のルーブリックを図 25 に示します。

	outstanding	great	developing
課題に対する解答 (30)	□冒頭に課題に対する解答、又は説明（主題文）が簡潔に明記されている (30)	□冒頭に課題に対する解答、又は説明（主題文）を書こうとしているが、ポイントを絞り切れておらずわかりにくく冗長である (20)	□冒頭に課題に対する解答、又は説明（主題文）が書かれていない (0)
論理的構成 (25)	□「課題への解答、説明→本文（論拠や例示）→まとめ」の構成になっている (15)		□「課題への解答、説明→本文（論拠や例示）→まとめ」の構成になっていない (0)
	□本文で 1 段落（1 パラグラフ）に一つのトピックが記述されている (10)	□本文で一部 1 段落（1 パラグラフ）に複数のトピックが記述されている。或いは同じトピックなのに段落が複数に分けられている箇所がある (3)	□本文で 1 段落（1 パラグラフ）に複数のトピックが記述されている。或いは同じトピックなのに段落が複数に分けられている箇所が頻繁に見られ、段落分けに意図が無い (0)
専門用語 (20)	□専門用語が正しく使用されている (15)	□専門用語が概ね正しく使用されており、誤用が 2 箇所以内である (10)	□専門用語の使い方に誤りが多く、誤用が 3 箇所以上ある (0)
	□初出の専門用語には読み手の理解を助ける解説がある (5)	□初出の専門用語について読み手の理解を助ける解説が部分的にある (3)	□初出の専門用語について読み手の理解を助ける解説が全くなされていない (0)
レポートの工夫点 (10)	□図を用いる、身近な例を用いるなど読み手の理解を助ける工夫が随所に見られ、読み手に「わかりやすい」と思わせている (10)	□図を用いる、身近な例を用いるなど読み手の理解を助ける工夫が一部見られ、読み手に「難しいが何とか理解できる」と思わせている (5)	□理解を助ける工夫がなく、読み手に「難しい」と思わせている (0)
参考文献 (15)	□参考文献が 1 テーマにつき 2 個以上用いられている (10)	□参考文献が 1 テーマにつき一つ提示されている (5)	□参考文献を用いていない (0)
	□本文中に引用箇所が明記されている　例 "〜が報告されている 1）。" (5)		□本文中に引用箇所が示されていない (0)

図 25　アカデミーでの改善後のルーブリック

5.7.5.　実践を経ての気づきと改善

（1）　評価の実施方法と評価の結果

　1）　実施方法と結果

　受講者 44 名について提出された課題を採点した結果、平均点が 91.9 点と非常に高くなり、90
点以上の学生が 34 名という極端な分布になりました（図 26）。

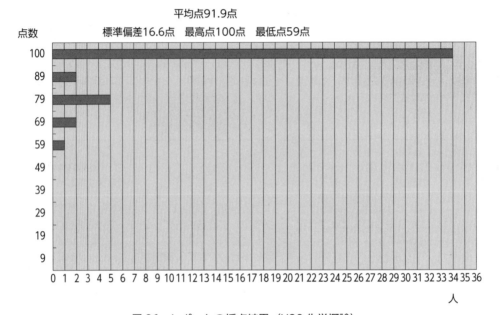

図 26　レポートの採点結果（H30 化学概論）

（2）　ルーブリックで評価をして気づいたこと

　以下のような気づきを得ることができました。

・評価観点
授業の目標とあっていて、使いやすかった。
・評価尺度
採点しながら、本当に 90 点以上と評価すべきレポートと 70〜80 点と評価
すべきレポートが、作成したルーブリックでは同様に評価されてしまうことに
困った。
・評価基準
レポートの書き方の形式に関する記述が主になっていて、問いへの回答の質の
高さや参考文献の適切さに関しては全く評価していないことに困った。
採点した際に点数の差が、参考文献の数や引用箇所の表記の有無という形式的
な部分でついてしまい、記述の内容では余り差がつかなかった。

	outstanding	great	good	developing
課題に対する解答（30）	□冒頭に課題に対する解答、又は説明（主題文）が簡潔に明記されていて、課題にはっきりと解答している（30）	□冒頭に課題に対する解答、又は説明（主題文）が簡潔に明記されていて、課題に大体解答している（20）	□冒頭に課題に対する解答、又は説明（主題文）を書こうとしているが、ポイントを絞り切れておらずわかりにくく冗長である（15）	□冒頭に課題に対する解答、又は説明（主題文）が書かれていない（0）
論理的構成（25）	□「課題への解答、説明→本文（論拠や例示）→まとめ」の構成になっていて、根拠は課題への解答を強くサポートしている（15）	□「課題への解答、説明→本文（論拠や例示）→まとめ」の構成になっているが、根拠が事実の羅列であり解答のサポートとしては弱い（12）	□「課題への解答、説明→本文（論拠や例示）→まとめ」の構成になっていないが、論理的に書こうとしている（8）	□「課題への解答、説明→本文（論拠や例示）→まとめ」の構成になっておらず、論理性が無い（0）
		□本文で1段落（1パラグラフ）に一つのトピックが記述されている（10）	□本文で一部1段落（1パラグラフ）に複数のトピックが記述されている。或いは同じトピックなのに段落が複数に分けられている箇所がある（7）	□本文で1段落（1パラグラフ）に複数のトピックが記述されている。或いは同じトピックなのに段落が複数に分けられている箇所が頻繁に見られ、段落分けに意図が無い（0）
専門用語（20）		□専門用語が正しく使用されている（10）	□専門用語が概ね正しく使用されており、誤用が2箇所以内である（7）	□専門用語の使い方に誤りが多く、誤用が3箇所以上ある（0）
	□高校範囲を超える専門用語には読み手の理解を助ける解説や言い換えがあり読み手の理解を助けている（10）	□高校範囲を超える専門用語には読み手の理解を助ける解説や言い換えが部分的にある（半分程度）（8）	□高校範囲を超える専門用語には読み手の理解を助ける解説や言い換えが部分的にある（3割程度）（6）	□専門書などにある専門用語をそのまま用いていて、読み手の理解への配慮がない（0）
レポートの工夫点（10）		□図を用いる、身近な例を用いるなど読み手の理解を助ける工夫が随所に見られ、読み手に「わかりやすい」と思わせている（10）	□図を用いる、身近な例を用いるなど読み手の理解を助ける工夫が一部見られ、読み手に「難しいが何とか理解できる」と思わせている（6）	□理解を助ける工夫がなく、読み手に「難しい」と思わせている（0）
参考文献（15）	□参考文献が1テーマにつき2個以上用いられており、レポートで書かれていることの重要な根拠として使われている（10）	□参考文献が1テーマにつき2個以上用いられているが、用語など本論にとって重要でないものにも用いられている（8）	□参考文献が1テーマにつき2個以上用いられているが、用語など本論にとって重要でないものにのみ用いられている（6）	□参考文献が1テーマにつき一つ以下しか提示されていない（0）
		□本文中に引用箇所が明記されている 例"〜が報告されている1)。"（5）		□本文中に引用箇所が示されていない（0）

図 27　採点をふまえて改善したルーブリック

これらの気づきをふまえて、改善しました。改善したルーブリックを図 27 に示しました。

　評価観点では、大きく問題を感じなかったためそのままとしました。評価尺度では、3 段階の尺度の最高評価（100 点）と合格評価（60 点）の間に優秀評価（80 点）の尺度を一つ追加し、4 段階としました。評価基準では、論理的構成・参考文献について形式に関する記述のみではなく、内容に関する記述を追記しました。

　ルーブリック改善後、同じ課題を再度採点した結果、平均点、成績の分布ともに妥当なものとなりました（図 28）。

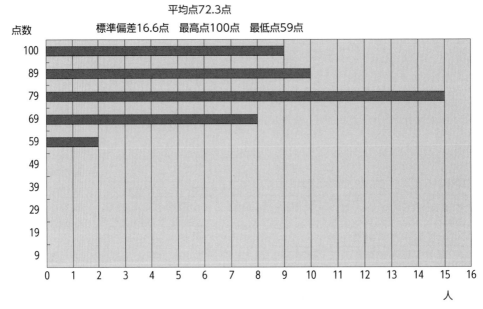

図 28　改善したルーブリックによるレポートの採点結果（H30 化学概論）

ルーブリックの活用：
　得点分布の精査がルーブリックの改善につながる。

5.8. 事例7 ルーブリックを課題の指針とする「地理A」

このクラスの基本情報

教育機関	高等学校
分野・専門領域	社会科学・地理（他、歴史・公民）
対象	高校3年
人数	16名
必修・選択	必修選択
授業形態	座学
課題の種類	プレゼンテーション

5.8.1. 基本情報

2019年1月の時点で、桐朋女子中・高等学校で地理を教えていらっしゃったのが吉崎亜由美先生です。吉崎先生は、「地理A」を担当しています。「地理A」は3年生が対象で、必修選択の授業です。この授業の中で、吉崎先生はプレゼンテーションを課題として生徒に課しています。どのようなプレゼンテーションで、このプレゼンテーションの課題にあわせてルーブリックをつくられたのでしょうか。詳細を見ていきましょう。

以下は吉崎先生ご自身による記述です。

5.8.2. 課題

このプレゼンテーション課題の目標は、授業での2つの学習目標である「地図やGISを活用し、地理的な見方、考え方をすることができる。」と、「世界の諸地域の自然や文化を理解し、説明することができる。」を関連づけることが目標です。具体的には、生徒に旅行（机上旅行）を計画してもらい、それをパワーポイントで表現することが課題です。机上旅行先の自然（地形・気候・植生）、人文（宗教・生活・産業）と日本の関係についてわかりやすくプレゼンテーションを通じて説明することを課しています。

5.8.3. ルーブリックの狙い

この「地理A」の一連の授業では、フィールドワーク、個別の作業学習や発表学習、ワークショップやディスカッションなどのグループワークで構成され、それぞれの課題で積極的なとりくみが求められます。例えば生徒は統計地図、エッセイやプレゼンテーション資料、ポスターなどの課題をルーブリックに基づき作成します。これに対し、教員が授業への参加度（40）と課題の完成度（60）として総合的に評価します。また、この授業は生徒の主体的な学びを目標にしているだけでなく、生徒相互の学びあいも大切にしているため、ルーブリックによる生徒個人の自己評価と生徒同士の相互評価も併せて行っています。

5.8.4. 最初に作成したルーブリックについて

最初に作成したルーブリックを図29に示します。

(1) 作成時の留意点

1) 評価観点

プレゼンテーション作成の条件で提示した「旅行日程とコース（地図の作成）」、「自然（地図・気候）」、「農牧業と地域の料理」、「旅行先の見所」などの情報収集と、それらを読みとり分析する力（情報リテラシー）と、この単元の学習目標である「世界の諸地域の自然や文化を理解し、説明することができる」という知識を活用し、表現する力（コミュニケーション力）を評価観点としました。

2) 評価尺度

普段は課題を5段階（A、B$^+$、B、B$^-$、C）で評価しています。しかし今回はルーブリックで採点がしやすいように評価尺度を数字に置き換えました。このとき、良いものから順にExcellent（5）→ Good（4）→ Developing（3）→ Failure（2）→ Bad（1）とし、更に点数をつけました。

3) 評価基準

到達目標に十分に達している内容をExcellent（5）、全く達していない内容をBad（1）とし、その他の評価基準を決定しました。

(2) フィードバックと改善点

作成したルーブリックに対して以下のようなフィードバックをいただきました。

> ・計画の実現性について適切の是非はどう評価するのか。生徒によって評価が異なるのではないか。
> ・プレゼン評価に資料のわかりやすさを入れてはどうか。
> ・キーワードはこの3つだけで大丈夫か。
> ・尺度の1と2の違いは何か。
> ・ルーブリック内の空いているところはどうやって評価するのか
> ・「関連づけて説明することができる」を加えてはどうか。

このフィードバックを受けて、以下のように改善しました。改善したルーブリックを図30に示します。

まず、評価の観点に「プレゼン資料の工夫」を加えました。そして評価の尺度を明確にするために、Developing（3）を Fair（3）に、Failure（2）を Developing（2）に、Bad（1）を Failure（1）に変更しました。またルーブリックの空いている箇所をなくし、「キーワードの使用」と「課題に対する理解」の評価基準を「関連づけて説明することができる」に改めました。

高3地理A　机上旅行プレゼンを評価するためのルーブリック

観点＼尺度	5.Excellent	4.Good	3.Developing	2.Failure	1.Bad
旅行計画の実現性	旅行日程、コースは適切で、具体的である	旅行日程、コースは適切であるが、具体性に欠ける	一部は実現可能な計画であるが、計画に無理がある	殆ど実現の可能性がない計画である	計画を立案することができない
キーワードの使用（地形、気候、農牧業）	キーワードを用い、3つの項目を説明することができる	キーワードを用いて2つの項目を説明することができる	キーワードを用い、それぞれの項目ごとに説明できる	3つの項目のキーワードを説明することができる	1つまたは2つの項目しか説明することができない
課題に対する理解（農牧業）	農牧業と料理のレシピを紹介することができる		農牧業と料理のレシピを紹介することができない		料理のレシピを紹介できない
統計分析	農作物の生産量を正確に分析し、説明することができる		農作物の生産量の分析に一部誤りがある		農作物の生産量を分析していない
課題に対する理解（自然・文化）	自然と文化をバランスよく紹介することができる		自然または、文化のみを紹介することができる		自然・文化の紹介がない
プレゼン能力	声の大きさ、話すスピード、間の取り方、アイコンタクトが適切である	4つの項目のいずれか1つが欠けている	4つの項目の2つが欠けている	4つの項目の3つが欠けている	4つの項目すべてが欠けている

図29　高3地理A机上旅行のプレゼンテーションを評価するためのルーブリック　Ver. 1

5

ルーブリックの事例をみる

高３地理 A　机上旅行プレゼンを評価するためのルーブリック

観点 ＼ 尺度	5.Excellent	4.Good	3.Fair	2.Developing	1.Failure
旅行計画の実現性	旅行日程、コースは適切で、具体的である	旅行日程、コースは適切であるが、具体性に欠ける	一部は実現可能な計画であるが、計画に無理がある	殆ど実現の可能性がない計画である	計画を立案することができない
キーワードの使用（地形、気候、農牧業）	キーワードを用い、3つの項目を関連づけて説明することができる	キーワードを用いて、2つの項目を関連づけて説明することができる	キーワードを用い、それぞれの項目ごとに説明できる	3つの項目のキーワードを説明することができる	1つまたは2つの項目しか説明することができない
課題に対する理解（農牧業）	料理のレシピを明確に深く理解、整理し、統合して農牧業と関連づけて説明することができる	料理のレシピを理解、整理し、農牧業と関連づけて説明しようとしている	料理のレシピを理解、整理しているが、統合されておらず、農牧業と関連づけられていない	料理のレシピを理解しているが、情報が断片的で不適切に用いられている	料理のレシピを理解し、紹介することができない
統計分析	適切な情報にアクセスし、農作物の生産量を十分に分析し説明することができる	適切な情報にアクセスしているが、農作物の生産量を十分に分析できていない	適切な情報にアクセスしているが、農作物の生産量の分析に一部誤りがある	適切な情報にアクセスしているが、農作物の生産量を全く分析していない	関連性や質が欠如した情報を取得している
課題に対する理解（自然・文化）	旅行の見所が発表を大いに支援し、テーマの信頼性やその他の情報を裏づけとなっている	旅行の見所が発表を支援し、テーマの信頼性を裏づけている	旅行の見所が発表を部分的に支援し、テーマの信頼性を裏づけている	旅行の見所が不十分で、発表を最低限にしか支援できていない	旅行の見所を紹介することができない
プレゼン能力	声の大きさ、話すスピード、間の取り方、アイコンタクトが適切である	4つの項目のいずれか1つが欠けている	4つの項目の2つが欠けている	4つの項目の3つが欠けている	4つの項目すべてが欠けている
プレゼン資料の工夫	魅力ある旅行を計画し、繰り返し充分にアピールできた	補足資料により、明確にアピールされていた	補足資料により、魅力は説明されていた	魅力は理解可能だが、あまり反復されておらず印象的ではない	アピールポイントが発表内で明確に述べられていない

図30　高3地理 A 机上旅行のプレゼンテーションを評価するためのルーブリック　Ver. 2

5.8.5.　実践を経ての気づきと改善

⑴　評価の実施方法と評価の結果

1)　実施方法

机上旅行プレゼンを評価するルーブリックは、課題を説明する「机上旅行を計画しよう」のプリントと同時に配布し、パワーポイントの作成のための指標としました。プレゼンテーションでは生徒同士の相互評価と生徒自身の自己評価を併せて行いました。

2)　ルーブリックで評価をして気づいたこと

欠席の生徒1名を除いた15名が机上旅行プレゼンテーションを行いました。そのプレゼンテーションをもとに、ルーブリックで教員と生徒が評価を行いました。担当教員が行ったルーブリック評価と生徒が行ったルーブリックによる相互評価及び自己評価の内容は3名の生徒で評価が若干ずれましたが、それ以外の生徒は一致しました。教員と生徒のルーブリック評価の分布は表8のとおりです。

表8　評価分布

総合評価	教員による評価分布	生徒による評価分布	コメント
5	5名	4名	情報を深く理解、整理、分析し、魅力ある旅行を計画し、関連づけてアピールすることができた。
4	4名	6名	情報を理解、整理、分析し、わかりやすいプレゼンテーションをすることができた。
3	2名	3名	情報の理解、整理はできているが分析が不十分であり、関連づけてプレゼンすることができない。
2	4名	2人	プレゼンテーションの完成度が不十分であり、内容が伝わりにくい。
1	1名	1人	欠席のため、プレゼンテーションができなかった

⑵　それぞれの項目における気づき、改善点

それぞれの項目での気づきは以下のとおりです。

- ・アカデミーで指摘があった「旅行計画の実現性の是非をどのように評価するのか」について、生徒は明確に評価できていなかった。
- ・アカデミーで指摘があった「キーワードはこの三つだけで大丈夫か」に関連して、生徒はキーワード以外の言葉の効果的な使用法についてコメントで評価していた。
- ・評価基準があいまいな箇所があり、生徒の評価が分かれた。

それらを打開すべく、評価観点、評価基準で改善を加えました。改善したルーブリックを図31に示します。

評価観点では「旅行計画の実現性」に代わり、プレゼンテーションで必要な「構成」と、「言葉の使用」を新たに加えました。「言葉の使用」は「キーワードの使用」に限定せずに評価できるようにしたのが狙いです。更に、言葉を変更して、評価観点をより明確にしました。例えば、「プレゼン能力」を「伝え方」へ、「課題に対する理解（農牧業）」を「効果的な情報の利用」へ、「課題に対する理解（自然・文化）」を「補足資料」へ、「統計分析」を「情報の分析」へ、「プレゼン資料の工夫」を「中心的メッセージ」に変更しました。

評価基準では、あいまいな箇所を、具体的でわかりやすい表現としました。

5.8.6. 最後に

机上旅行プレゼンテーション直後に行った一斉授業調査アンケート実施結果（地理A 13名／16名中）では、授業満足度1点（大いに不満）～5点（とても満足）点中平均4.38点でした。

アンケートの項目①「あなたにとって『この授業』の満足度を教えてください。またそのように答えた理由を教えてください。」では、楽しいという言葉が多く、積極的に話せること、独自でプレゼンテーションを進めること、他の授業とは異なる珍しい授業で新鮮である、主体的に参加できると言った感想があって好評でした。

アンケートの項目②「この授業の満足度を更に向上させるために、授業担当者に望むことはありますか。良い点、改善して欲しい点、後期にとりいれて欲しい点などがあれば、自由に記述してください。」では、家での課題が多いけれども、パソコンを使う練習になっていい。という言葉や、「プレゼンの練習などができるのが良いです。プレゼンのテクニックやスライドの上手な利用の仕方なども教えて欲しいです」という言葉もありました。更に、地理A、社会が楽しいと思えるような授業を行ってくれてとても嬉しいという言葉や、発表のときにダメな所を言ってくれるところが良いという言葉もありました。更に、11名の方が改善して欲しい点はないと言ってくれていました。後期のプロジェクト学習につながる学習の動機づけやクラスの関係づくりが良い方向に向かっていることを確認できたのと同時に、ルーブリックの改善点も見える、良い機会だったと思います。

今年度は高3地理Aカリキュラムの大幅な改善を行い、それに伴いルーブリックを本格的にとりいれた学習計画を立案し実践しました。私自身は生徒やゲストスピーカーともに学びながら、生徒のアドバイザーとしての役割に徹しました。後期のポスター発表で作成したルーブリックは、他教科の教員7名と初等部の教員に活用、評価してもらった後に、様々なアドバイスを頂きました。その内容が、今回のルーブリックの改善に大いに役立ったことに感謝します。

ルーブリックの活用：
　机上旅行プレゼンを評価するルーブリックは、「机上旅行を計画しよう」のプリントと同時に配布し、パワーポイントの作成のための指標としたように、ルーブリックは、評価のためだけではなく、課題を出すと同時に配布し、課題の作成のための指標とすることができる。

高３地理Ａ　机上旅行プレゼンを評価するためのルーブリック

観点＼尺度	5.Excellent	4.Good	3.Fair	2.Developing	1.Failure
プレゼンの構成	導入（旅行日程、コース）、連続した部分（自然、料理、農牧業）、結論（旅行の見所）の移行が発表で明確に一貫して見られ、巧みである	導入（旅行日程、コース）、連続した部分（自然、料理、農牧業）、結論（旅行の見所）の移行が発表で明確に見られる	導入（旅行日程、コース）、連続した部分（自然、料理、農牧業）、結論（旅行の見所）の移行が発表で時々見られる	導入（旅行日程、コース）、連続した部分（自然、料理、農牧業）、結論（旅行の見所）のスムーズな移行が発表で見られない	導入（旅行日程、コース）、連続した部分（自然、料理、農牧業）、結論（旅行の見所）のいずれかが欠けている
言葉の使用	言葉の選択が想像的、印象的で、説得力があり、発表の効果を増している。発表におけるキーワードが適切である	言葉の選択に工夫があり、発表の効果を与えている。発表におけるキーワードが適切である	言葉の選択がありきたりで、発表の効果は部分的である。発表におけるキーワードが適切である	言葉の選択が不明瞭で、発表の効果が最低限である。発表におけるキーワードが適切でない	言葉の選択が不適切であり、発表におけるキーワードを用いていない
効果的な情報の利用	料理のレシピを明確に深く理解、整理し、統合して農牧業と関連づけて説明することができる	料理のレシピを理解、整理し、農牧業と関連づけて説明しようとしている	料理のレシピを理解、整理しているが、統合されておらず、農牧業と関連づけられていない	料理のレシピを理解しているが、情報が断片的で不適切に用いられている	料理のレシピを理解し、紹介することができない
情報の分析	最も適切な情報にアクセスし、農作物の生産量を十分に分析し説明することができる	いくつかの妥当な情報にアクセスし、農作物の生産量を分析している	限定した情報にアクセスしており、農作物の生産量の分析に一部誤りがある	限定した情報にアクセスしているが、農作物の生産量を全く分析していない	関連性や質が欠いた情報を取得している
補足資料	旅行の見所が発表を大いに支援し、テーマの信頼性やその他の情報を裏づけとなっている	旅行の見所が発表を支援し、テーマの信頼性を裏づけている	旅行の見所が発表を部分的に支援し、テーマの信頼性を裏づけている	旅行の見所が不十分で、発表を最低限にしか支援できていない	旅行の見所を紹介することができない
伝え方	姿勢、ジェスチャー、アイコンタクト、声の表現により説得力がある発表で、自信を持って伝えることができる	姿勢、ジェスチャー、アイコンタクト、声の表現により発表が効果的で、落ち着いて伝えることができる	姿勢、ジェスチャー、アイコンタクト、声の表現により発表は理解できる	姿勢、ジェスチャー、アイコンタクト、声の表現により発表は理解できるが、自信がなさそうである	姿勢、ジェスチャー、アイコンタクト、声の表現が発表の理解を妨げており、自信がなさそうである
中心的メッセージ	魅力ある旅行を計画し、説得力のあるメッセージを繰り返し充分にアピールできた	明確で一貫性のあるメッセージをアピールできた	資料により、メッセージは説明されていた	メッセージは基本的に理解可能だが、あまり繰り返しておらず印象的ではない	メッセージは推測できるものの発表で明確に述べられていない

図31　高３地理Ａ机上旅行のプレゼンテーションを評価するためのルーブリック　Ver. 3

5.9.　事例 8　点数の傾斜のつけ方を学ぶ「生物基礎」

このクラスの基本情報

教育機関	高等学校
分野・専門領域	自然科学・生物
対象	高校 1 年
人数	40 名×6
必修・選択	必修
授業形態	座学中心
課題の種類	その他（一枚ポートフォリオ）

5.9.1.　基本情報

　生物が専門の内山智枝子先生が都立淵江高等学校に勤務時に担当していた授業が「生物基礎」です。この「生物基礎」は、1 年生対象で、40 名の授業 6 クラスを担当しています。これは座学形式を中心とした必修授業であり、課題の種類は、一枚ポートフォリオという手法を活用した学習の記録です。

　その内山先生は、どのようなルーブリックをつくられたのでしょうか。そもそも、一枚ポートフォリオとは何でしょうか。詳細を見ていきましょう。以下は内山先生ご自身の記述です。

5.9.2.　課題

　一枚ポートフォリオ評価（OPPA：One Page Portfolio Assessment）は、学習者が目標に向けて、事前学習から事後学習までの自分の学習状況を 1 枚の用紙に記録し、自己で評価するための手法です。今回は、生物基礎の遺伝分野に関する学習記録とまとめのために活用しました。

　まず単元の学習の前に、単元の問い「親と子は形質（姿・形や性質）が似ているのは何故でしょう？今、現在の考えや思いをまとめましょう」に対する生徒自身の考えをまとめましたす。それぞれの授業では、その授業に関連した問いが提示され、生徒はその問いに対する考えを、各授業終了前 5 分間でふせんに書いて提出しました。各授業終了後、教員がふせんをまとめてプリントし、次の授業で共有プリントとして配布することで生徒はお互いの考えを読みあい、読んだ生徒は学習内容の理解に役立つと思うふせんを選び、印をつけた後ファイリングしていきます。ふせんは書いた生徒に返却され、各自で OPPA 用のシートに糊づけしていきました。単元の学習の最後の授業では、これまでの学びを活かしながら単元の問いに対する生徒自身の考えを OPPA 用シートにもう一度まとめました。

　また、生徒は毎時間、振り返りシートを記入しました。このシートは生徒が自分の学びや学び方に関して記録するもので、疑問や自分の学習の様子、感想を書くことによって自己を客観視することを目指しています。単元の学習の最後の授業では、これまでの記録や単元の問いに対する考えの変化から、この単元の自分の学び方についての気づきや感想 OPPA 用シートの「単元の振り返り」の欄にまとめました。

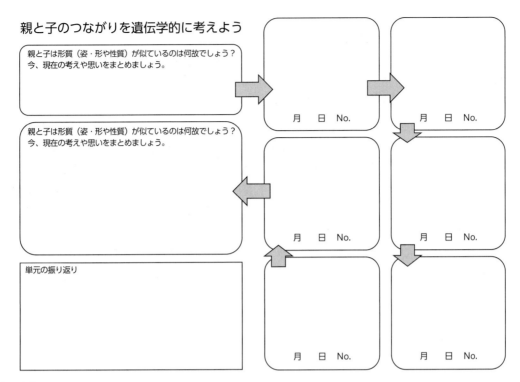

親と子のつながりを遺伝学的に考えよう

親と子は形質（姿・形や性質）が似ているのは何故でしょう？
今、現在の考えや思いをまとめましょう。

月　日　No.

月　日　No.

親と子は形質（姿・形や性質）が似ているのは何故でしょう？
今、現在の考えや思いをまとめましょう。

月　日　No.

月　日　No.

単元の振り返り

月　日　No.

月　日　No.

振り返りシート

日付	タイトル（単元名）／教科書ページ数／プリントNo.	もっと知りたいこと／疑問	学習中の自分の様子	感想・その他
／ （　）				
／ （　）				
／ （　）				
／ （　）				
／ （　）				

図32　生物基礎の課題

5.9.3.　ルーブリックの狙い

　遺伝分野では、自己評価、相互評価、教員による評価で活用する「OPPA」と「振り返りシート」に関するルーブリック、教員による評価のみに活用する「自己評価の妥当性」に関するルーブリックと「ファイリング」に関するルーブリックの4種類を準備しました。

　「OPPA」と「振り返りシート」を評価するルーブリックでは、単元の学習内容と学び方のまとめだけでなく、毎時間の記録が蓄積されているかも評価しました。「自己評価の妥当性」に関するルーブリックは、評価者として対象物に向きあう学習としての評価や、自己評価の妥当性を考えるきっかけとなるように設定しました。「ファイリング」に関するルーブリックは、単元の節目（中間テストや期末テスト後）に実施し、OPPAや共有プリント等、これまでの学習成果物をファイルにおさめることを促すことを目的としました。

　いずれも、評価観点や尺度をスモールステップで丁寧に設定することにより、自ら学習することや学習そのものに苦手意識がある生徒であっても「これなら少しやってみようかな」と思うような指針となることを意識して設定しました。

5.9.4.　ルーブリックについて

（1）　作成時の留意点

　1）　評価観点

　「OPPA」に関するルーブリックでは、毎時間の学習内容の記録の蓄積を評価する「毎時間のわかったこと・まとめ（ふせん）について」、単元の問いに対する学習前後自分の考え「親と子のつながり（左上）について」、単元を通した自分の学び方に関する振り返り「単元の振り返り（左下）」の項目を設定しました。

　「振り返りシート」に関するルーブリックでは、振り返りシートで設定されている「日付やタイトル、ページ数等」、「もっと知りたいこと、疑問」、「学習中の自分の様子について」の項目をつくりました。

　「自己評価の妥当性」に関するルーブリックでは、OPPAと振り返りシートの自己評価が妥当かどうかを教師が判断し学習者に伝えました。

　ファイリングに関するルーブリックでは、収納すべき学習成果物や、ふせんをまとめた共有プリント、プリントのまとめ方について評価しました。

　2）　評価尺度

　評価尺度は、大きく分割すると3段階、小さく分割すると5段階（1~5）で評価しました。未提出・未記入は評価対象外（0点）とし、毎時間、具体的に文章で記している場合や、自己評価においては妥当である場合に、5もしくは4として、評価しています。

　3）　評価基準

　「OPPA」と「振り返りシート」は、毎時間、わかりやすく記入されているか、自分の考えが書かれているかを評価しました。この部分が書かれている場合、5、もしくは4であり、単語のみや簡単な文章が書かれている場合を2もしくは1としました。

　「自己評価の妥当性」では、「妥当だと思います。」（5・4）とし、「改善を期待します。」（2・1）としました。

「ファイリング」に関するルーブリックでは、必要な学習成果物がファイルにはさまっているか、課題が終わらせているか、他の人の意見を共有しているか、順序良くまとめられているかということを評価の基準にしました。

4）配点

配点は、0~5までで評価しました。生徒ができるだけ学習活動へと気持ちが向かうようにステップを小さく設定し、0の場合は未提出・未記入の場合のみ、最高の場合でも、5、4と傾斜をつけることとしました。

親と子のつながりを遺伝学的に考えよう　　　自己評価シート＆評価シート
[OPPAについて]

	5・4	3	2・1	0
毎時間の分かったこと・まとめ（ふせん）について	毎時間、文章で具体的に、適切に記入している。	毎時間、文章で具体的に記入している。	毎時間、単語または簡単な文章を記入している。	
親と子のつながり（左上）について	毎時間の分かったこと・まとめを活かし、自分の考えを具体的に記している。	毎時間の分かったこと・まとめに多少は関連付けた考えを記している。	事前に比べ、事後には自分の考えを記している。	未記入
単元の振り返り（左下）について	自分が学んだことや、自分の学習の様子が伝わるように記し、自分の考えも具体的に表現している。	自分が学んだことや、自分の学習の様子が伝わるように記している。	自分が学んだことや、自分の学習の様子を記そうとしているが、伝わらない。	

[振り返りシートについて]

	5・4	3	2・1	0
日付やタイトル、ページ数等	毎時間、分かりやすく記入されている。	毎時間、記入されている。	何時間か記入されている。又は何項目か記入されている。	
もっと知りたいこと、疑問	毎時間、具体的にかつ疑問文で記入されている。	毎時間、記入されている。	何時間か記入されている。	未記入
学習中の自分の様子について	毎時間、具体的に記入され、かつ、自分の考えも記入されている。	毎時間、具体的に記入されている。	毎時間、記入されている。	

[自己評価について]

	5・4	3	2・1	0
自己評価の妥当性について	妥当だと思います。	再検討しましょう。	改善を期待します。	未記入

図33　遺伝分野で使用したルーブリック

（チェック項目）

授業プリント No.17〜No.29 OPPA 評価シート	必要分がはさまっている。課題を適切に終わらせ、更に学習を深めようとする努力が見られる。	必要分がはさまっている。課題を適切に終わらせている。	必要分がはさまっている。ほとんどの課題を終わらせている。
共有プリント	他人の意見を共有し、自分の意見に反映させようと努力がみられる。	他人の意見を知ろうと努力がみられる。	必要分がはさまっている。
まとめ方	順序良くわかりやすくなるように、工夫してまとめられている。	順序良くまとめられている。	激しく振っても耐えられる。

ファイリングで工夫した点を記入しましょう。

図34　「ファイリング」に関するルーブリック

　活用した4種類のルーブリックは、いずれも最終的には教員によって評価され、あてはまる評価のセルにスタンプが押されたものが生徒に返却されました。ルーブリックを受け取った生徒は、どのように評価されているのかを確認し、次の単元での学習へのとりくみに活かしました。

　これらのように課題や学習者の状況にあわせてルーブリックを作成し、可視化することによって、生徒もどのような評価を受けているかがわかりやすく、今後の改善点がわかりやすくなります。より良いものをつくるための指標になるかもしれません。

ルーブリックの活用：

　評価尺度のきざみを細かくすることによって、より詳しい評価が得られ、生徒や学生もより良いものにするための指標になるかもしれない。

おわりに

　『インタラクティブ・ティーチング』実践編の第1巻が刊行されてから本書が刊行されるまで、長い時間が経ってしまいましたこと、まず、はじめにお詫び申し上げます。そして、こうして最後の第3巻が刊行に至りまして、大変ほっとしております。

　本書は、出版されるまでの間に、コロナ禍がありさらには生成AIが登場し、教育のあり方に大きなインパクトを投げかけています。

　しかしながら結局は、教育は学ぶ者のためにあり、教育者は学習者のための学びの場をつくることに変わりはありません。今回の巻でとりあげたルーブリックは、学びの場において掲げられる到達目標が達せられたのかを確認し、学習者の学びを支え、促すための評価を実現できる方法です。評価が学びの終着点ではなくあらたなスタートとなるものであり、また、学んだことを振り返ってこれから先を見通す営みであることを、ルーブリックを通して会得していただけたらと思います。

　今回の書籍の刊行にあたり、日本教育研究イノベーションセンターの皆様には「インタラクティブ・ティーチング」アカデミー実施の支援と本書籍への助言をいただきました。また、参加者の皆様には貴重な事例を提供いただきました。河合出版には、『インタラクティブ・ティーチング』に続き本書籍の刊行を決定いただきました。河合塾の皆様および東京大学大学院総合文化研究科の西千尋さんには、進行管理と最終的な原稿の確認をいただきました。これらの皆様はじめ多くの方々にご協力いただきましたこと、心より感謝申し上げます。

2024年2月吉日
栗田佳代子・中村長史、執筆者一同

執筆者（五十音順）

編者・執筆者

栗田 佳代子	東京大学大学院教育学研究科（第1章、第2章）
中村 長史	東京大学大学院総合文化研究科（第3章、第4章）

執筆者

関戸 大	神山まるごと高専（第5章）
西 千尋	東京大学大学院総合文化研究科（第5章）

事例提供者

内山 智枝子	筑波大学付属駒場中学校・高等学校（2022年時点）
川上 忠重	法政大学理工学部（2023年時点）
関戸 大	神山まるごと高専（2023年時点）
高池 宣彦	筑波大学大学院図書館情報メディア研究科（2022年時点）
中戸 照恵	北里大学一般教育部（2022年時点）
松村 智恵	早稲田大学人間科学eスクール
森 弥生	岡山大学／一般社団法人「みるを楽しむ！アートナビ岡山」（2022年時点）
吉崎 亜由美	桐朋女子中学校・高等学校（2022年時点）